京都

伏見稲荷大社の千本鳥居(P94)

千年の都として栄えた古都・京都。
社寺めぐりやグルメはもちろんのこと
次々誕生する新しいお店にも目が離せません。
古くて新しい町、京都を満喫しましょう。

京都の魅力は奥深い 訪れる度に新発見があります。

左から：東福寺の本坊庭園(P92)／祇園白川南通をきものでお散歩(P34)／亀の飛び石も可愛い鴨川デルタ／円山公園の枝垂桜(P33)

龍安寺の枯山水庭園・石庭／右：水戸光圀公が寄進した龍安寺の知足のつくばい(P58)

上：嵐山の竹林の道(P79)／下：野宮神社のえんむすび御守(P79)

静寂漂う寺に、四季ごとに装いを変える自然
心癒される風景が広がっています。

カラフルな八坂庚申堂のくくり猿(P28)

左：形代(神札)がびっしり貼られた安井金比羅宮の縁切り縁結び碑(P40)／上：糺の森にある河合神社(下賀茂神社摂社)の鏡絵馬(P73)

下左：南禅寺の水路閣(P48)／右：平安貴族に愛された風光明媚な景勝地・渡月橋(P78)

クラシカルな空間が魅力の喫茶ソワレ(P116)

上・右／イノダコーヒの看板メニュー「京の朝食」(P118)

knot caféのバーガー風ミニサンド(P61)

和カフェ イオリの黒蜜きな粉パフェ(P113)

繊細な京料理に斬新なスイーツ 味の魅力も多彩

ソーダ水に5色のゼリーが入った喫茶ソワレのゼリーポンチ(P116)

日の出うどんの特カレーうどん(P108)

女将さんの人柄も魅力のあおい(P110)

左から：六盛の手をけ弁当(P105)／とり新の親子丼(P109)／日本料理さかい(P103)の昼コース

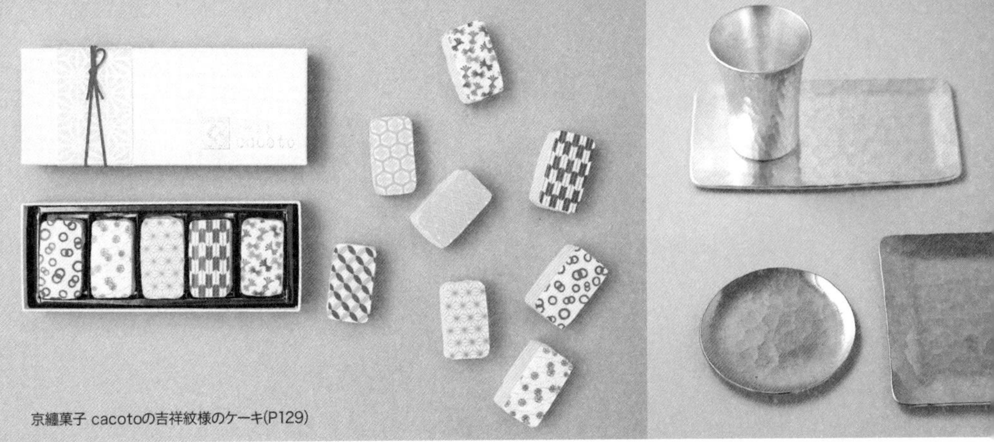

京纏菓子 cacotoの吉祥紋様のケーキ(P129)

鍛金工房 WESTSIDE33の食器(P123)

パッケージも可愛い
二條若狭屋の懐中
汁粉(P128)

柏屋光貞のキューブ菓子(P128)

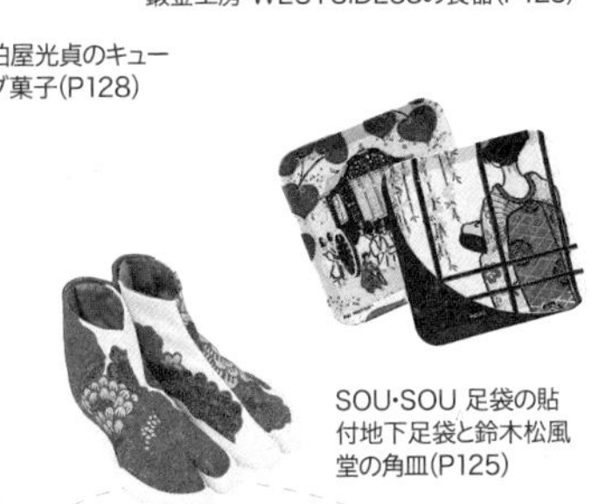

SOU・SOU 足袋の貼付地下足袋と鈴木松風堂の角皿(P125)

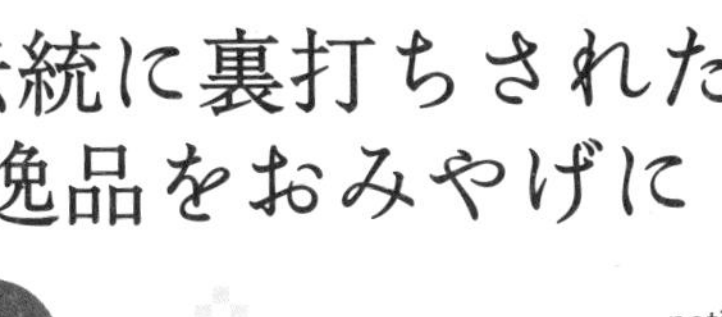

伝統に裏打ちされた逸品をおみやげに

よーじやのあぶらとり紙と丸手鏡(P131)

petit a petitのLトート(P124)

京都ちどりやのオーガニックコスメ(P131)

京都ってどんなところ?

歴史と伝統を守り受け継ぐ世界遺産、国宝の宝庫です

延暦13年(794)の平安京遷都から明治維新まで日本の政治・文化の中心地として栄えた京都。今もなお、その面影が随所に残っています。京都で世界遺産に登録されているスポットは17 (☞付録P20)。街を歩けば世界遺産のお寺の境内が広がり、国宝の仏像と出会え、歴史を感じられます。

国宝の仏像に出合える
世界遺産 東寺(☞P90)

おすすめシーズンはいつ?

桜と紅葉の季節の京都は格別の美しさです

3月下旬～4月中旬が見頃の桜、11月上旬～12月上旬が見頃の紅葉は、一度は見たい風景です。ただし、混雑は必至。少なくとも3カ月前には宿の予約をしましょう。春と秋には特別公開やライトアップを行う寺社も多いので、要チェック。もちろん、夏の祇園祭や川床、冬の雪景色も見逃せません。

朱塗りの建物に映える
平安神宮(☞P50)の
枝垂れ桜

京都を旅する前に知っておきたいこと

歴史を感じる街並みや寺社など、京都は見どころがたくさん。
どこに行くのか、何をするのか、あらかじめ計画をしてから出かけ、
古都の旅を充実させましょう。

どうやっていく？

東京からは新幹線が便利 リーズナブル派は高速バスも

新幹線のぞみなら、東京から約2時間30分。本数も多く気軽に利用できます。各旅行会社が用意する、宿と新幹線がセットになったフリープランにはお得なものが多いので、比較をして上手に旅しましょう。移動費用を節約したい人には、高速バスがおすすめ。女性専用車両の登場など、近年快適さが増しています。

ターミナルの京都駅（☞P98）はカフェやショップが豊富

観光にどのくらいかかる？

かけ足観光なら1泊2日 ゆっくり楽しむなら2泊以上

主な見どころは京都から電車やバスで1時間以内の範囲に集中しているので、モデルコース（☞P10）を参考に回れば、1泊2日でも満喫できます。旅程に余裕があるなら、2泊以上がおすすめ。京都にはグルメ、カフェ、買い物など、観光以外のお楽しみもたくさん。お寺や街もゆっくり歩くとまた違う趣です。

古都らしい街並みをはんなりと散策したい

市街＋もう1日観光するなら？

都会の喧騒から離れ 大原や宇治までひと足のばして

京都の街中からバスや電車で30分ほど行くと、のどかな風景が広がります。大原（☞P142）でお寺めぐりをするもよし、源氏物語の舞台の宇治（☞P146）で10円玉に描かれた平等院を眺めるもよし。神秘的な寺社がたたずむ鞍馬・貴船（☞P144）や龍馬ゆかりの伏見（☞P148）も、日帰りで訪れたいエリアです。

平安時代を思わせる風景が広がる宇治（☞P146）

初めての京都ではずせないのは?

清水寺、金閣寺、銀閣寺の参拝 嵐山、祇園の散策はぜひ

清水の舞台で有名な清水寺（☞P20）、ゴージャスに光り輝く金閣寺（☞P56）、侘び、さびの世界観を表現した銀閣寺（☞P44）は、京都初心者であれば必ず訪れたいスポット。どこも人気なので、混雑は必至です。古都らしい街並みが続く祇園（☞P30）、雅な風景に浸れる嵐山（☞P78）もはずせません。

朱塗りの仁王門が堂々と立つ清水寺（☞P20）

四季折々の美しさが魅力の渡月橋（☞P78）

祇園（☞P30）の街並みはどこもフォトジェニック

西陣くらしの美術館冨田屋（☞P74）で町家くらしを体験

京都らしい体験をするなら?

精進料理をいただいたり 伝統的な暮らしにふれてみては

京都の魅力をより深く知るために、お寺や美術館でひと味違う体験をしてみるのもおすすめです。穀物・野菜が中心のお寺の日常食 精進料理（☞P81）を味わったり、京町家の造りや意味合い、代々伝わる京のしきたりについて学んだり……（☞P74）。日常と違う空気にふれることで、新しい発見がありそうです。

ぜひ味わいたいのは？

繊細な味わいの京懐石
旬の野菜を使ったおばんざい

京都ではハレの日やおもてなしを大事にし、とても気を遣います。そして、その心遣いを形にした、手間ひまかけて作られる京懐石（☞P100）には料理人の技が光ります。まずはお昼のコースで手軽に楽しみましょう。また、京野菜を使ったおばんざい（☞P110）も、京のおかあさんの手料理として人気です。

見目麗しき京料理
木乃婦の京懐石
（☞P103）

江戸初期創業の老舗手ぬぐい専門店永楽屋（☞P124）の手ぬぐい巾着

おみやげは何がいい？

かわいい和雑貨や京コスメ
匠の技が冴える日用品

長い歴史の中で、京都ではさまざまな伝統産業が発達してきました。いずれも、代々受け継がれてきた職人技ばかりです。そうした熟練に裏打ちされながらも、価格を抑えたかわいらしい和雑貨やコスメ（☞P124、131）はおみやげにぴったり。自分用には、長く使いたい生活用品（☞P122）を揃えても。

ちょっと寛ぎたくなったら？

町家カフェでほっこり
老舗でこだわりの和甘味も

京都には、古くから大切に利用されてきた町家をリノベーションしたカフェ（☞P36）が点在しています。古都の雰囲気を楽しみながら、ゆっくりとお茶タイムを。また、大人気の抹茶パフェ（☞P112）、地元でも愛される絶品の和甘味（☞P114）は、行列覚悟ながらぜひとも味わいたいもの。

老舗和菓子店
俵屋吉富の茶ろん
たわらや（☞P115）
のあんみつ

1日目

出発ー!

10:00 京都駅

京のシンボル・ニデック京都タワー（☞P89）が迎える京都駅。旅はココからはじまる！

10:30 清水寺

まずは京都観光の王道・清水寺（☞P20）へ。清水の舞台からの絶景に感動

情緒漂う石畳の道

二年坂、産寧坂（☞P23）の両サイドにびっしり並ぶみやげ店でさっそくお買い物

観光客で賑わうねねの道を通って花咲 萬治郎（☞P107）へ。京都の麩&湯葉を堪能

13:00 高台寺

豊臣秀吉と北政所ゆかりの高台寺（☞P26）へ。庭園や建築様式を鑑賞しながら参拝

頭飾品とつばき油の老舗・かづら清老舗(☞P131)でヘアケア&スキンケアアイテムを

14:30 銀閣寺

銀沙灘や向月台の庭園で有名な銀閣寺(☞P44)で侘び・さびの世界にふける

かつて有名な学者も散策を楽しんだという哲学の道（☞P46）で歴史に想いを馳せる

カフェでひと息

riverside café GREEN TERRACE(☞P46)のオープンテラスで、スイーツとともにひと休み

普段使いの漆製品が揃う、うるしの常三郎（☞P46）でかわいいお皿をゲット

18:00 四条烏丸

古民家を改装したお数家 いしかわ（☞P110）で、京野菜を使ったおばんざいを

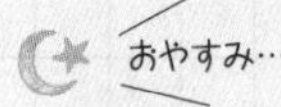

お泊まりは町家を改装した小さな旅館、小宿 布屋（☞P137）でおやすみなさい

1泊2日で とっておきの京都の旅

金閣寺や清水寺など王道スポットの観光のほか、
京都らしい食事や人気店でのお買い物を盛り込んだ欲ばりプラン。
心ゆくまで京都を満喫しましょう。

2日目

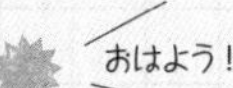

おはよう！

9:00 嵐山

観光客もまばらなうちに一路嵐山へ。渡月橋（☞P78）は四季折々に表情を変える

9:30 天龍寺

室町時代の初期に足利尊氏が開基した、京都を代表する禅のお寺・天龍寺(☞P80)へ

雄大なお庭を散策

嵐山や亀山を借景にした曹源池庭園（☞P80)。紅葉の秋はまるで絵画を眺めているよう

映画のワンシーンのような竹林の道（☞P79）で、木洩れ陽を浴びながらお散歩

11:30 龍安寺

15個の石が芸術的に配された龍安寺の石庭（☞P58)。しばし時を忘れ、静かに眺めたい

龍安寺の塔頭・西源院（☞P59)で、お庭を眺めながら名物の七草湯豆腐をいただく

13:30 金閣寺

北山文化の象徴ともいわれる金閣寺（☞P56）。記憶に残る美しさを目に焼き付けて

15:00 河原町

観光地を離れ街なかへ。幻想的な店内の喫茶ソワレでは、ゼリーポンチ(☞P116)を

京コスメの代表格・よーじや（☞P131）の本店でショッピングを楽しもう

京名物がズラリ

京都の台所として親しまれる錦市場（☞P38）で、買い食い&お買い物ざんまい

職人さんの確かな技による料理道具を有次（☞P123）で購入。料理上手になれそう

17:30 京都駅

最後はジェイアール京都伊勢丹地下1階（☞P98）で、さまざまなおみやげから品定めを

せっかく遠くへ来たんですもの

3日目はひと足のばしてみませんか？

比叡山の麓に広がるのどかな山里 大原

自然豊かなエリア。紅葉やお庭の風景が美しい三千院、実光院、宝泉院などをのんびりとめぐって（☞P142）。

お茶で知られる風光明媚な宇治

世界遺産の平等院や宇治上神社が点在するお茶の街。宇治茶を使ったスイーツもおすすめ（☞P146）。

ココミル
cocomiru

京都

Contents

●表紙写真
亀屋良長(P130)の落雁、かづら清老舗(P131)のぽってり椿つげ櫛、% Arabica Kyoto Arashiyama(P84)のカフェラテ、豊田愛山堂(P35)の香り袋、東福寺(P92)の本坊庭園、茶寮都路里 祇園本店(P112)のパフェ、祇園白川南通(P34)、伏見稲荷(P94)の千本鳥居、八坂庚申堂(P28)のくくり猿、総本家ゆどうふ 奥丹 清水(P106)のゆどうふ

〈マーク〉
- 観光みどころ・寺社
- プレイスポット
- レストラン・食事処
- 居酒屋・BAR
- カフェ・喫茶
- みやげ店・ショップ
- 宿泊施設

〈DATAマーク〉
- ☎ 電話番号
- 住 住所
- ¥ 料金
- 開館・営業時間
- 休 休み
- 交 交通
- P 駐車場
- 室 室数
- MAP 地図位置

清水寺の三重塔は国内最大級

花街・上七軒ではんなりおさんぽ

紅葉が映える南禅寺の水路閣

二条城二の丸庭園は特別名勝

迫力たっぷり！平安神宮の大鳥居

坪庭を眺め、町家カフェでひと休み

桜咲く哲学の道で素敵なおさんぽ

祇園の花見小路は風情たっぷり

東へ西へ上ル下ル
まずは京都観光に出かけましょう

京都には、世界遺産をはじめ、神社仏閣、国宝が盛りだくさん！
まずはみどころが集まる7つのエリアのどこに行くのか、
そしてどのように回るのかを決めましょう。
モデルコースや所要時間の目安も参考に。

老舗茶舗・一保堂の前でパチリ

eX cafe 京都嵐山本店でスイーツを堪能

京都って こんなところ

千年の都として栄えた歴史と文化が息づく京都。
寺社・旧跡の観光からグルメ、お買い物まで、
お楽しみがいっぱいです。

王道の7エリアを おさえましょう

京都観光の主要エリアは、大きく7つに分けられる。京都駅の東には、清水寺、祇園、哲学の道から銀閣寺へと観光名所が連なる。市内中心部には、繁華街の河原町、そして京都御所と二条城があり、西へ向かうと世界遺産が目白押しの金閣寺周辺、さらに最大の観光地の一つ嵐山・嵯峨野へとつながる。

観光の前に情報集め

京都駅ビルの2階には、「京なび」の愛称で親しまれる観光案内所がある。見どころ案内や宿泊施設の紹介、催事チケットの販売などさまざまな観光情報を提供しているので、京めぐりの前にまずは足を運んでみよう。

問合せ 京都総合観光案内所 ☎075-343-0548

京都アクセスMAP

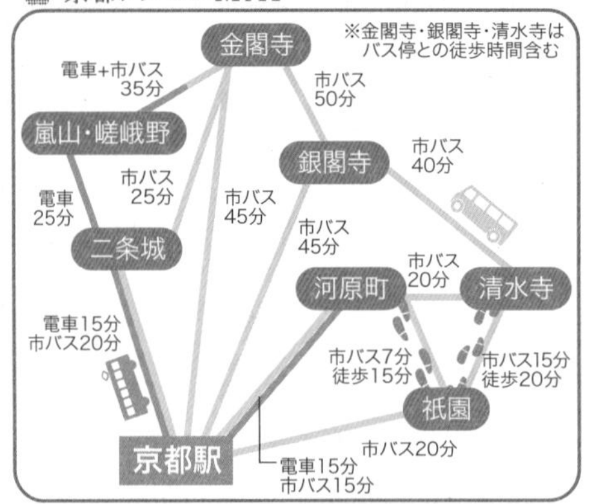

迫力ある伽藍が並び立つ清水寺

清水寺周辺（きよみずでらしゅうへん） 1

・・・P18

一大観光地・清水寺を中心としたエリア。清水坂、産寧坂、二年坂と続く坂道の両脇にはみやげ物店が立ち並び、観光客で賑わう。

ドラマや映画のロケ地としても有名な巽橋

祇園・河原町（ぎおん・かわらまち） 2

・・・P30

繁華街・河原町には食事処、カフェ、ショップが集まる。鴨川を挟んだ花街・祇園は、舞妓さんが歩くなど、古都風情満点。

紅葉が美しい哲学の道を歩こう

銀閣寺・哲学の道（ぎんかくじ・てつがくのみち） 3

・・・P42

自然が美しい哲学の道沿いにはお寺やお店が点在する。はずせない見どころは銀閣寺、南禅寺。平安神宮周辺は美術館が集まるアートエリア。

金箔で装飾された金閣寺舎利殿

きんかくじしゅうへん
金閣寺周辺 4

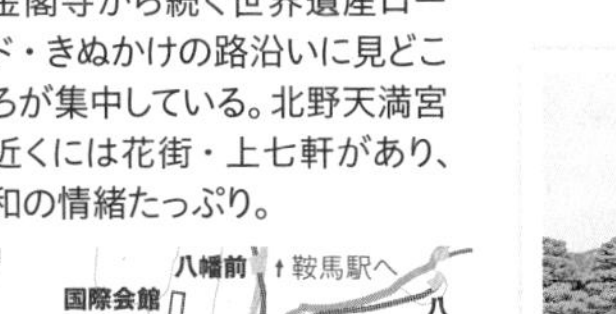

・・・P54

金閣寺から続く世界遺産ロード・きぬかけの路沿いに見どころが集中している。北野天満宮近くには花街・上七軒があり、和の情緒たっぷり。

威風漂う二条城二の丸御殿

にじょうじょう・ごしょ
二条城・御所

・・・P64

大政奉還の舞台となった二条城、貴族文化の中心地であった京都御所。御所周辺には御苑の緑が広がり、歴史を刻む老舗が点在する。

笹の音が心地よい竹林の道

あらしやま・さが
嵐山・嵯峨

・・・P76

渡月橋、竹林の道など風流な風景が広がるエリア。世界遺産の天龍寺をはじめ、寺社が多く集まる。源氏物語、平家物語の舞台ともなった。

きょうとえきしゅうへん
京都駅周辺 7

・・・P88

京都駅ビルはみやげ店やカフェが充実。周辺には世界遺産の東寺、国宝の三十三間堂、浄土真宗の両本山・東本願寺と西本願寺など見どころ満載。

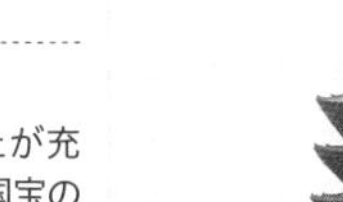

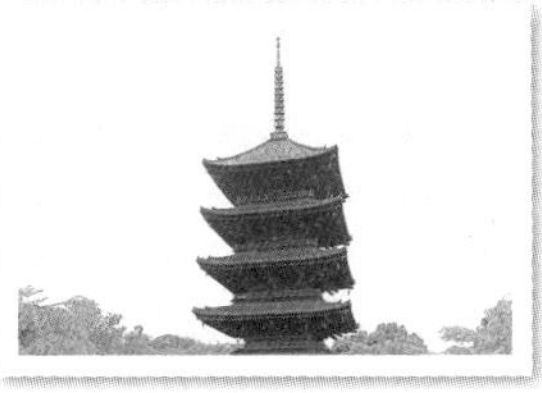

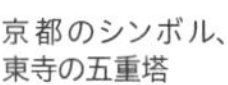

京都のシンボル、東寺の五重塔

清水寺から続く坂でおみやげ探し

清水寺の参拝客が往来する坂道沿いに京みやげのお店がずらり。(☞P22)

秀吉ゆかりの桃山美術を鑑賞

小堀遠州が手がけた庭園が広がる秀吉の菩提寺、高台寺へ。(☞P26)

これしよう!

絶景の舞台を誇る清水寺を参拝

絶景の清水の舞台が待ち受けるご利益づくしの"清水さん"。(☞P20)

清水寺はココにあります！

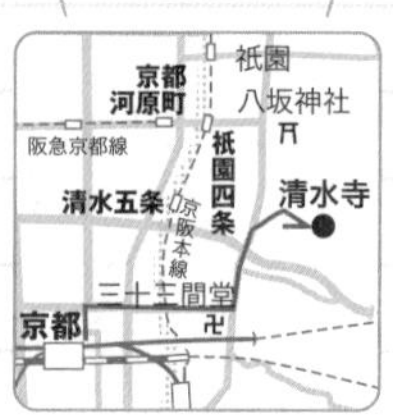

古都の風情に満ちた清水詣の参道をゆく

清水寺周辺

きよみずでらしゅうへん

七味家本舗（☞P22）の香り豊かな七味

こんなところ

古くから観音霊場として信仰を集めた清水寺は京都を代表する観光スポット。参詣道として開かれた、風情ある産寧坂や二年坂のお店をのぞいたり、甘味を楽しみながら散策しよう。途中、八坂の塔や高台寺、ねねの道を辿れば、古都らしい雰囲気が満喫できる。

access

●京都駅から

【バス】
・市バス206系統で15分の五条坂、16分の清水道、21分の祇園下車
・市バス観光特急EX100・101系統で10分の五条坂下車(土・日曜、祝日のみ)

【電車】
・JR奈良線で2分の東福寺駅乗り換え、京阪電鉄で4分の清水五条駅、6分の祇園四条駅下車

広域MAP 付録P2D3

～清水寺周辺はやわかりMAP～

八坂神社へ
祇園
大谷祖廟(東大谷)
長楽寺
5 高台寺 (☞P26)
ねねの道
圓徳院
東山安井
下河原通
霊山護国神社
6 石塀小路 (☞P24)
霊山観音
東山安井
安井金比羅宮
人力車の行き交う京情緒あふれる道
ねねの道は高台寺と圓徳院を通る石畳の道。(☞P25)
法観寺 (八坂の塔)
二年坂(二寧坂)
六道珍皇寺
清水道
清水道
3 産寧坂 (三年坂) (☞P23)
4 かさぎ屋 (☞P29)
八坂通の頂に立つ東山のシンボル
美しい街並みに映える塔をバックに記念撮影を。(☞P28)
東山区役所
霊山興正寺別院
2 七味家本舗 (☞P22)
東大路通
安祥院
五条坂
清水坂
清水新道(茶わん坂)
地主神社
三重塔
五条坂
五条通
五条大橋へ
東山五条
実報寺
本寿寺
妙見堂
清水寺 (☞P20) 1
通妙寺
清水寺
大谷本廟 (西大谷)
1
N
0 100m
馬町
東山七条へ
浄妙院
京都東ICへ

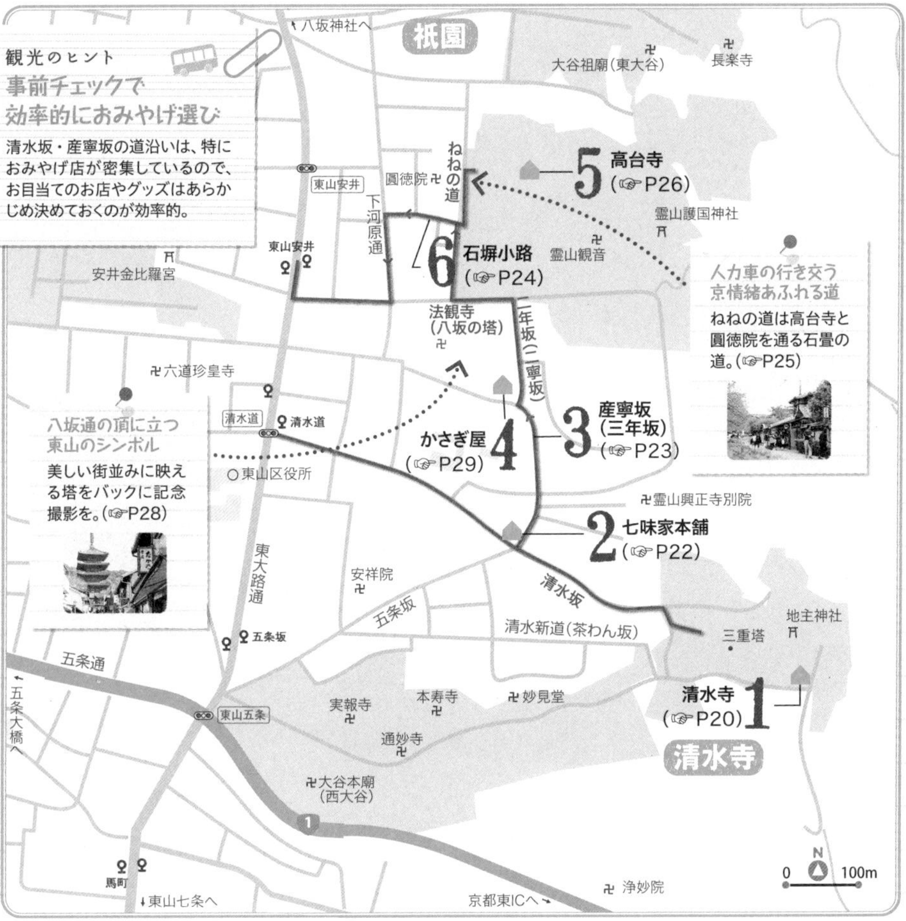

観光のヒント

事前チェックで効率的におみやげ選び

清水坂・産寧坂の道沿いは、特におみやげ店が密集しているので、お目当てのお店やグッズはあらかじめ決めておくのが効率的。

おすすめコースは

6時間

清水寺、高台寺は見どころ満載なので、拝観にはそれぞれ1時間くらいのゆとりを。産寧坂や二年坂、ねねの道といった石畳の道のそぞろ歩きにも1時間はみておきたい。

スタート 市バス停 清水道
▶ 徒歩10分
1 寺院 清水寺
▶ 徒歩5分
2 買う 七味家本舗
▶ 徒歩すぐ
3 見る 産寧坂
▶ 徒歩3分
4 買う かさぎ屋
▶ 徒歩3分
5 寺院 高台寺
▶ 徒歩すぐ
6 見る 石塀小路
▶ 徒歩3分
ゴール 市バス停 東山安井

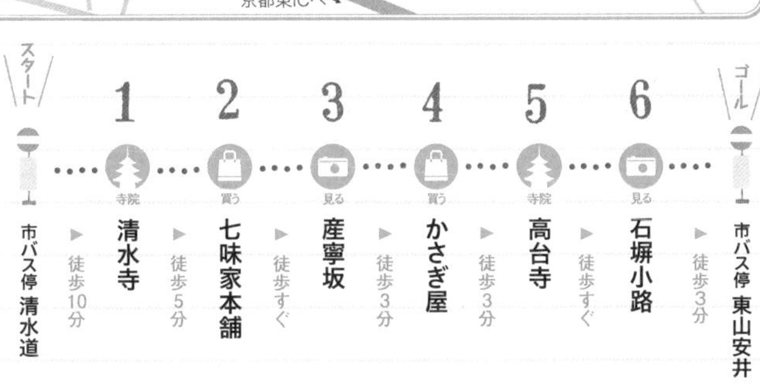

絶景の「舞台」がシンボル ご利益いっぱいの清水寺へ

音羽山から京都市内を一望する「清水の舞台」でおなじみの古寺・清水寺。国宝の建築物からご利益スポットまで、見どころが多いお寺です。

ほんどう・ぶたい
本堂・舞台
「清水の舞台」で名高い。舞台は広さ約190㎡、高さ約13m。舞台は本堂のご本尊に舞楽を奉納するための場で、さまざまな芸能が行われてきた。❺

きよみずでら
清水寺

桜：3月下旬～4月上旬
紅葉：11月中旬～12月上旬

紫式部や清少納言も参拝した古寺

宝亀9年（778）、延鎮上人が夢のお告げで音羽山に草庵を結んだことに始まり、後に坂上田村麻呂が諸堂を寄進した。本尊の十一面千手千眼観世音菩薩像は、33年に一度開帳される秘仏。13万㎡の広大な境内には国宝の本堂（舞台）をはじめ、仁王門や三重塔などの堂宇が立ち並ぶ。

☎075-551-1234 住東山区清水1-294 ¥拝観500円、期間限定の夜間特別拝観は500円、成就院庭園特別拝観は別途600円 営6～18時（季節により変動あり） 休無休 交市バス停五条坂、清水道から徒歩10分 Pなし MAP付録P15C4

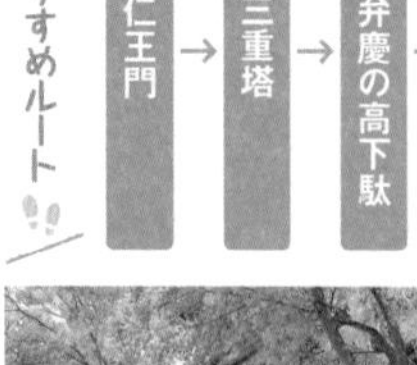

おすすめルート
1 仁王門 → 2 三重塔 → 3 弁慶の高下駄 → 4 大黒天 → 5 本堂・舞台 → 6 濡れ手観音 → 7 音羽の滝

本堂から突き出した舞台を支えるのが「懸造」（かけづくり）といわれる建築様式。釘を使わずケヤキ18本の束柱で支えており、まさに職人技といえる

地主神社が修復工事で閉門

清水寺の境内にあり、縁結びの神様として知られる地主神社。いつも多くの人で賑わう人気の神社だが、2022年5月から修復工事のため閉門となり、拝観再開時期は未定。

さんじゅうのとう
三重塔

高さ約31m。国内最大級の三重塔で、現在の建物は寛永9年(1632)に再建。初層内部に大日如来を安置している。❷

におうもん
仁王門

参拝者を迎える正門で、丹塗りの美しさから「赤門」ともよばれる。15世紀末の再建で、両脇に京都最大級の阿吽の仁王像を安置する。❶

浮気防止

べんけいのたかげた
弁慶の高下駄

本堂前に置かれた高下駄はなんと重さ12kg! 男性がなでると浮気をしなくなると伝わる ❸

厄払い

ぬれてかんのん
濡れ手観音

奥の院の東側にたたずむ。音羽の滝の水源にあたる金色水をかけると煩悩や罪が洗い流されるとか ❻

おとわのたき
音羽の滝

清水寺の由来となった音羽山の澄んだ水が流れる。観音の「金色水」、長寿の「延命水」として信仰されている ❼

学業、恋愛、長寿

瓶詰めの音羽霊水500円

持ち歩けるミニ大黒500円はお守りにぴったり

出世

だいこくてん
大黒天

「出世大黒」として参拝客に親しまれる大黒様。近年の修復を経て、艶やかなお姿に。その大きさや迫力に目を引かれる ❹

仁王門の手前にある善光寺堂の首振り地蔵は、願い事のある方角へ首を回して拝むと、その願いを叶えてくれるとか。立ち寄ってみて。

清水さん周辺の坂で 和かわいいおみやげ探し

清水寺界隈の坂道にはみやげ店がずらっと並び、いつも賑わっている。数ある中から、京都らしい小粋なおみやげをセレクトしました。

きよみずざか
清水坂
絶えず人が行き交う、食べ歩きが楽しいストリート。お手軽京グルメを満喫

串和菓子500円。ポップなデザインで気軽に和菓子を！

2
いとうけん ソウソウ きよみずみせ
伊藤軒／SOU・SOU清水店

テキスタイルがスイーツに

老舗和菓子店の伊藤軒と、ポップなテキスタイルで人気のSOU・SOUがコラボ。かわいいお土産のほか、センス抜群のテイクアウトスイーツも充実。

☎0120-929-110 住東山区清水3-315 🕒10～18時 休不定休 交市バス停清水道から徒歩8分 Pなし MAP付録P15B3

寒天菓子のこはく810円。りんごや抹茶など5種の味が入る

バス停清水道へ

1
しちみやほんぽ
七味家本舗

器を選べる七味唐辛子

創業明暦年間（1655～1658）の七味唐辛子専門店。京の食文化を彩る香りのよい七味唐辛子は、こだわりの原料を用いた豊かな風味。

☎075-551-0738 住東山区清水2-221 清水寺参道 🕒9～18時（季節により変動）休無休 交市バス停清水道、五条坂から徒歩7分 Pなし MAP付録P15B3

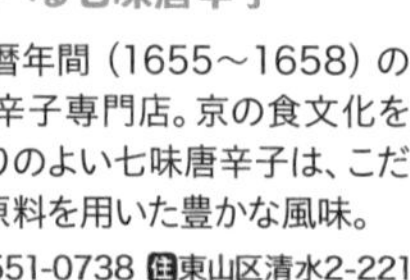

清水坂

七味 清水焼陶器入り（七味15g袋付）1個1579円～。10数種類の中からお好みが選べる

五条坂

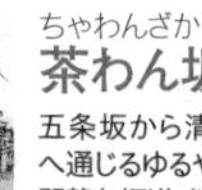

ちゃわんざか
茶わん坂
五条坂から清水寺へ通じるゆるやかで閑静な坂道。清水焼の窯元が軒を連ねる

清水五条駅へ

茶わん坂

3
つぼねやりっしゅん
局屋立春

変わりゆく四季を感じる京菓子

茶碗坂で唯一の和菓子処。目でも舌でも楽しめる和菓子を販売するほか、喫茶コーナーの抹茶とわらびもちのセットは950円。

☎075-561-7726 住東山区五条橋東6-583-75 🕒11～17時（水曜は13時～）休無休 交市バス停五条坂から徒歩5分 Pなし MAP付録P15B4

小町草紙1250円。季節ごとに変わる干菓子は、厳選された阿波の和三盆が使われた上品な甘み

4 しょういんどう
松韻堂
使い続けたい伝統の逸品

安政2年（1855）創業の京焼・清水焼窯元。創業以来変わらぬ雰囲気の店内には、伝統を受け継いだ逸品がずらりと並ぶ。

☎075-561-8520 住東山区清水3-319三年坂下 ⌚9～17時 休無休 交市バス停清水道から徒歩10分 Pなし MAP付録P15B3

季節の花をあしらった、なでしこ湯呑2800円（右）、京の春の湯呑小3300円（左）

ちょっと一息するならここ！
「清水 京あみ」の八ツ橋しゅー380円はニッキ風味の生地にクリームがたっぷり。自家焙煎のコーヒーもいただけます。
☎075-531-6956 MAP付録P15B4

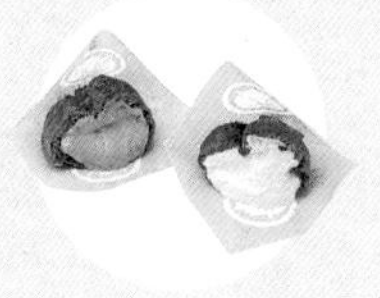

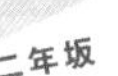

職人技により精巧に作られた、鶴の箸置5個セット4000円

二年坂

にねんざか
二年坂
産寧坂の下から続く、風情ある石畳の坂道。竹久夢二ゆかりのスポットも

産寧坂

さんねいざか
産寧坂
清水寺と八坂界隈を結ぶ観光名所。道の両側にはみやげ店がギッシリ

6 しょうえいどう さんねいざかてん
松栄堂 産寧坂店
古都を感じる風雅な香り

300年続くお香の老舗。スティック型のお香や匂い袋が人気。好きな香りと、パッケージの柄を選べる「ときの香」は、産寧坂店限定。

☎075-532-5590 住東山区清水3-334青龍苑内 ⌚9～18時 休無休 交市バス停清水道から徒歩10分 Pなし MAP付録P15B3

おしゃれに香りを持ち運べる、匂い袋・誰が袖 ふくべ 各550円

ときの香 各10本入り550円～。古典的な香りから華やかな香りのものまで全10種類

7 しょうえん こうだいじてん
SHOWEN 高台寺店
色鮮やかでデザインも多彩

伝統工芸の組紐を用いたアクセサリーやチャームなどを販売。宇治の組紐職人が手がけた組紐を使って、一つ一つ手作りしている。

☎075-744-0214 住東山区下河原通八坂鳥居下ル下河原町463-24 ⌚10時30分～18時 休不定休 交市バス停東山安井から徒歩5分 Pなし MAP付録P15B2

チャーム「菊結び」「かごめ結び」各770円。サイズ、色、形の異なる豊富なラインナップが魅力だ

5 にねんざかまるん
二年坂まるん
はんなりかわいい京土産

京扇子の舞扇堂がプロデュースする店で、京都らしくてかわいらしい菓子や雑貨を扱う。カラフルな京飴や金平糖などはおみやげに大人気。

☎075-533-2111 住東山区八坂通二年坂西入 ⌚10～18時（季節により変動あり）休不定休 交市バス停清水道から徒歩6分 Pなし MAP付録P15B3

丸い瓶に飴が入った初にしき540円（左）と、和風マシュマロのおともだちほうずい1242円。食べるのがもったいない！

清水寺

おみやげ店の密集率では京都1、2を争うこのエリア。比較的早くから開いている店が多いので混む前にどうぞ！

しっとり和の情緒あふれる ねねの道・石塀小路をぷらり

街なかの喧騒から少し離れ、路地を曲がれば、古都の風情ある雰囲気が。石畳の道には、京都らしい間口の狭い小料理店やセレクトショップが並びます。

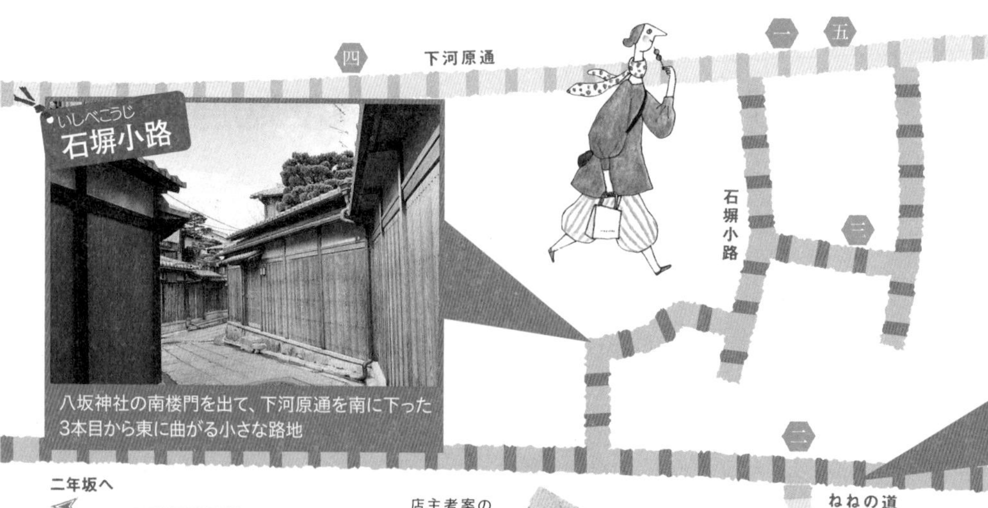

八坂神社の南楼門を出て、下河原通を南に下った3本目から東に曲がる小さな路地

二年坂へ

高台寺

かわいいパッケージも人気。Rosine verte2160円

一 まだむどりゅっく きょうとぎおんてん Madame Delluc 京都祇園店

ベルギー発のショコラトリー

ベルギー王室御用達のチョコレート。カフェも併設しており、サロンではアフタヌーンティー（要予約）も楽しめる。

☎075-531-2755 住東山区上弁天町435-1 営10～19時 休不定休 交市バス停東山安井から徒歩2分 Pなし MAP付録P15A2

町家を改装した、京都らしい店構え

店主考案のちりめんブックマーク2個330円

二 てんこくや くうくう てんこく屋 空空

職人が手掛ける 味のある和の文房具

京の和紙職人によるレターグッズや400年以上続く老舗の筆など、ひとつは持っておきたい文具がお手頃価格で揃う。篆刻作家の店主による、自分だけのオリジナル手彫り印1760円～の制作も可。

☎075-533-1980 住東山区高台寺下河原町530京・洛市ねね1階 営12～17時 休木曜 交市バス停東山安井から徒歩5分 Pなし MAP付録P15B2

手作りの和紙一筆箋330円

ほかでは見ることができない秘蔵の作品を常設展示・販売している

季節の味を楽しめるコース6600円～

高台寺ゆかりの宝物をじっくりと鑑賞したい

高台寺に伝来する宝物を展示する「高台寺掌美術館」。高台寺蒔絵とよばれる技が施された漆器や肖像、頂相など多彩な品が揃う。入館料300円（高台寺との共通券600円）。☎075-561-1414 MAP付録P15B2

八坂神社南桜門へ

三 石塀小路 豆ちゃ

いしべこうじ まめちゃ

静かな小路の隠れ家で厳選素材に舌鼓

明治期の民家を改装した隠れ家的雰囲気の料理店。旬の食材に丁寧な仕事を施したコース料理を趣のある落ちついた空間で味わえる。カウンター席があり、一人利用もしやすい。

☎075-532-2788 住東山区八坂神社南門下ル石塀小路 🕒17～22時 休無休 交市バス停東山安井から徒歩5分 Pなし MAP付録P15B2

五 祇園下河原 page one

ぎおんしもがわら ぺーじわん

一年中楽しめる！老舗氷店のかき氷

明治16年（1883）創業の森田氷室店によるカフェ＆バー。名物は一年中提供しているかき氷。一つずつ手彫りで作るという氷の器はインパクト大で、その見た目だけでひんやり。

☎075-551-2882 住東山区下河原通八坂鳥居前下ル上弁天町435-4 🕒13時～23時30分（18時～はバータイム※要チャージ300円）休水曜 交市バス停東山安井から徒歩3分 Pなし MAP付録P15A2

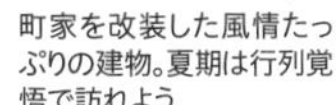
町家を改装した風情たっぷりの建物。夏期は行列覚悟で訪れよう

宇治産抹茶を贅沢に使った蜜がかかる宇治金時1500円

秀吉の正妻、北政所「ねね」ゆかりの寺である高台寺の西側に続く、まっすぐでなだらかな石畳の道

六 高台寺 おりおり

こうだいじ おりおり

四季を通して使える手になじむ竹細工

普段遣いにも最適な創作竹工芸の店。竹本来の特性を生かして作られた小物をはじめ、和装・洋装どちらにも合わせやすいデザインの品が目を引く。竹のぬくもりを肌で感じて。

☎075-525-2060 住東山区高台寺北門前通下河原東入ル鷲尾町522 🕒9～16時（季節により異なる）休水曜（春・秋の観光シーズンは無休）交市バス停東山安井から徒歩6分 Pなし MAP付録P15B2

世界にひとつ、竹工芸のバッグ8万8000円

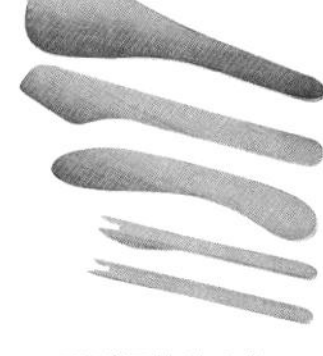
形が個性的な竹の食器類880円～

大正時代の蔵を改装したモダンな空間

四 Salon de KANBAYASHI

さろん ど かんばやし

大正末期の蔵で贅沢な抹茶スイーツ

老舗茶舗「上林春松本店」とコラボしたカフェ。厳選茶葉を使用したお茶の飲み比べができるほか、上質な抹茶を使ったスイーツも楽しめる。

☎075-551-3633 住東山区下河原通高台寺塔之前上ル金園町400-1アカガネリゾート京都東山1925内 🕒11時30分～17時LO 休火曜（土・日曜、祝日は不定休あり）交市バス停東山安井から徒歩3分 Pなし MAP付録P15A3

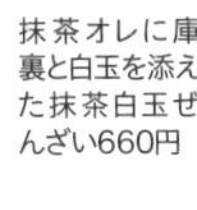
抹茶オレに庫裏と白玉を添えた抹茶白玉ぜんざい660円

ねねの道、石塀小路界隈は人力車の観光ルートなので、歩き疲れたら利用してみては？12分（約1km）3000円～。

四季折々に趣深い 風光明媚なお寺の名庭を散策

清水寺から八坂神社周辺には、お庭が素敵なお寺が点在しています。
桜、紅葉シーズンのライトアップも見逃せません。

A 偃月池（えんげつち）
方丈と開山堂を結ぶ池。それぞれの堂宇は楼船廊で続いており、中央には秀吉公・ねねが愛用したという伏見城の遺構の観月台が設けられている

B 波心庭（はしんてい）
方丈前に広がる庭園。周囲の桜が一斉に咲く春が最も華やか。白砂に花のピンクが美しく映える

A～Cの景色はココで見られます！

高台寺（こうだいじ）

高台寺蒔絵で有名な寺は庭も優美

慶長11年（1606）、豊臣秀吉の菩提を弔うために、正室である北政所ねねが建立。開山堂を中心とした偃月池、臥龍池を配した小堀遠州作の池泉回遊式庭園が広がる。伏見城から移築した観月台や亀島・鶴島の石組みが見事で、四季折々の優美な景観は桃山時代ならでは。

☎075-561-9966 住東山区高台寺下河原町526 ¥600円 ⏰9～17時（春・夏・秋の夜間特別拝観は17時～21時30分）休無休 交市バス停東山安井から徒歩7分 P100台 MAP付録P15B2

C 臥龍池（がりょうち）
開山堂と臥龍廊を鏡のように映し出す池。秋の、ライトアップされた紅葉が池に映る様は雄大で幻想的

見頃チェック
桜 3月下旬～4月上旬
紅葉 11月下旬～12月上旬
ライトアップ 春、夏、秋

円山公園の庭園も必見！

東山の観光地の中心に位置する「円山公園」(☞P33) 内の回遊式庭園は、明治時代に活躍した造園家、七代目・小川治兵衛による作庭です。

☎075-561-1778 MAP付録P15B1

えんとくいん
圓徳院

ねねが愛した桃山様式の庭

ねねが秀吉と過ごした伏見城の化粧御殿を移築し、寺に改めた高台寺の塔頭。印象の違う二つの庭（北庭・南庭）が見どころ。うち、御殿の前庭を移した北書院北庭は当時の姿をほぼそのまま留め、国の名勝に指定されている。

☎075-525-0101 住東山区高台寺下河原町530 ¥500円 ⏲10～17時（春・秋の夜間特別拝観は21時30分受付終了）休無休（法務による休みあり）交市バス停東山安井から徒歩5分 P150台 MAP付録P15B2

A きたしょいんほくてい
北書院北庭
桃山時代を象徴する、巨石がひしめく豪胆な庭。力強い三尊石組など、調和のとれた石の芸術に魅了される

B ほうじょうなんてい
方丈南庭
1994年に改修工事が行われた南庭は、年間を通して花や紅葉を愛でることができるように設計されている

秀吉の家臣古田織部考案の最上位の点前「神仏への献茶点前」でいただく（2000円、10時30分～16時）

見頃チェック
桜 3月下旬～4月上旬
紅葉 11月中旬～12月上旬
ライトアップ 春、秋

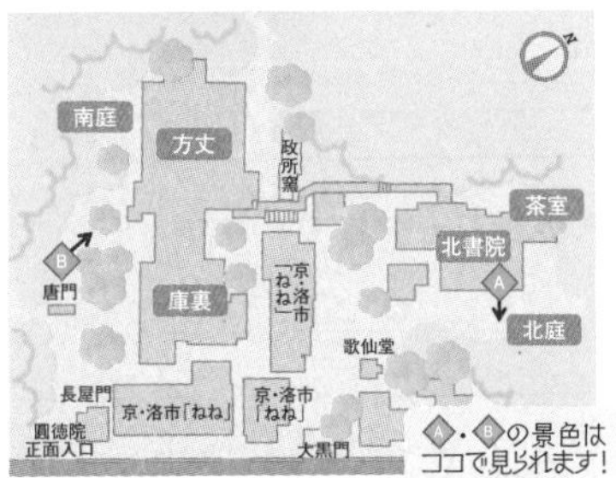

B そうあみのにわ
相阿弥の庭
粟田山を借景としながら、山裾の地形を巧みに利用。龍心池に架かる跨龍橋のたもとからの眺めが抜群

A きりしまのにわ
霧島の庭
5月上旬には、キリシマツツジが散策路の周りを真っ赤に染める。花期以外でも庭園の造形を十分に楽しめる

しょうれんいんもんぜき
青蓮院門跡

室町と江戸の二大庭園を堪能

比叡山に最澄が開いた僧侶の住坊が起源。のちに皇族ゆかりの門跡寺院に。室町時代の相阿弥による池泉回遊式庭園と江戸時代の小堀遠州による霧島の庭があり、趣の異なる美しさが魅力。青を基調とした春と秋のライトアップは幻想的。

見頃チェック
霧島つつじ 5月上旬
紅葉 11月中旬～12月上旬
ライトアップ 春、秋（2024年は中止）

☎075-561-2345 住東山区粟田口三条坊町69-1 ¥500円（夜間特別拝観は800円）⏲9～17時（受付は～16時30分、春・秋の夜間特別拝観は21時30分受付終了）休無休 交地下鉄東山駅から徒歩5分 P5台（夜間拝観時は駐車不可）MAP付録P10F1

安土桃山・江戸時代の庭によく見られる石組は、石の組合せ方によって滝・島・山・三尊仏などさまざまなものを表現しています。

ココにも行きたい

清水寺周辺のおすすめスポット

法観寺（八坂の塔）
ほうかんじ（やさかのとう）

聖徳太子ゆかりの塔がシンボル

聖徳太子が夢の中で如意輪観音のお告げを受け、仏舎利を納めた塔を建立したのが始まりと伝わる。室町時代に足利義教が再興した、高さ約46m、周囲約6.4m四方の五重塔は清水周辺のランドマーク的存在。DATA☎075-551-2417 住東山区八坂通下河原東入ル ¥400円（中学生未満は拝観不可）🕒10～15時 休不定休 交市バス停東山安井から徒歩5分 Pなし MAP付録P15B3

八坂庚申堂
やさかこうしんどう

お猿にあやかるご利益スポット

正式名は大黒山延命院金剛寺庚申堂。日本の庚申信仰発祥の地とされ、「八坂の庚申さん」の名で親しまれる。猿にあやかった手作りのお守りには、有名なくくり猿500円のほか、手先を使う芸事の上達を願う指猿300円などがある。DATA☎075-541-2565 住東山区金園町390-1 ¥無料 🕒9～17時 休無休 交市バス停清水道から徒歩5分 Pなし MAP付録P15A3

六波羅蜜寺
ろくはらみつじ

民衆に尽くした名僧の像は必見

平安末期に京都で流行した悪疫の退散を祈願するため、空也上人が創建したとされる。上人の姿を今に伝える空也上人像（国の重要文化財）は、口から6体の阿弥陀様が現れる様子が印象的。DATA☎075-561-6980 住東山区ロクロ町81-1 ¥無料（宝物館は600円）🕒8時30分～16時30分（令和館の受付は9～16時）休無休 交市バス停清水道から徒歩6分 P4台 MAP付録P4E1

六道珍皇寺
ろくどうちんのうじ

冥界との境にある寺

寺がある「六道の辻」は、この世とあの世の境界と伝わる場所。境内の井戸は小野篁が冥界との行き来に使ったとか。DATA☎075-561-4129 住東山区松原通東大路西入ル北側小松町595 ¥境内無料（堂内・井戸臨時拝観1000円※グループにて要事前予約、春・秋に特別公開あり、拝観800円）🕒9～16時 休無休 交市バス停清水道から徒歩3分 Pなし MAP付録P11C4

長楽寺
ちょうらくじ

波乱を生きた建礼門院ゆかりの寺

平安初期、桓武天皇の勅令により最澄が延暦寺の別院として創建。のちに時宗の寺院となる。平清盛の娘・建礼門院が出家した場所としても知られ、建礼門院像などの遺宝を収蔵。秋は境内を赤く染める紅葉も見どころ。DATA☎075-561-0589 住東山区円山町626 ¥800円（特別展1000円）🕒10～16時 休木曜（特別拝観期間は無休）交市バス停祇園から徒歩11分 Pなし MAP付録P15C2

河井寛次郎記念館
かわいかんじろうきねんかん

陶芸家の感性豊かな暮らしを体感

大正・昭和期に活躍した陶芸家・河井寛次郎が自ら設計した住居兼工房。自作の陶器や木彫品、愛用の品々が自然に置かれ、寛次郎の穏やかな暮らしぶりが垣間見える。数々の作品を生んだ登り窯も当時のままに。DATA☎075-561-3585 住東山区五条坂鐘鋳町569 ¥900円 🕒10～17時（入館は～16時30分）休月曜（祝日の場合は翌日）交市バス停馬町から徒歩3分 Pなし MAP付録P4E2

ひさご
ひさご

名物・親子丼はとろけるおいしさ

京風のだしがしみ込んだ鶏肉と、トロトロの半熟卵がご飯に絡み合う親子丼1100円が名物。香り高い山椒の風味が、甘めのだしのアクセントに。だしを生かした麺類もおすすめ。DATA☎075-561-2109 住東山区下河原通八坂鳥居前下ル下河原町484 🕒11時30分～15時40分LO 休月曜（祝日の場合は翌日）、金曜（祝日の場合は前日）交市バス停東山安井から徒歩3分 Pなし MAP付録P15A2

IL GHIOTTONE 京都本店
いるぎおっとーね きょうとほんてん

旬菜たっぷりの京都イタリアン

農家直送の新鮮な京野菜や京の食材を巧みに生かす技で、全国的に知られる笹島シェフが率いるレストランの本店。お昼のランチコース6000円。旬の魚や厳選した肉のメイン料理には地元の京野菜がふんだんに。DATA☎075-532-2550 住東山区下河原通塔ノ前下ル八坂上町388-1 🕒12～14時、18時～（要予約）休火曜 交市バス停東山安井から徒歩10分 Pなし MAP付録P15B3

阿古屋茶屋
あこやぢゃや

彩り豊かなお漬けもんを堪能

ランチで人気のお茶漬けバイキング1800円は、なすや柴漬、長いもをはじめとした約20種類の京漬物と、白ごはん、十六穀米、お粥が時間制限なしの食べ放題。もれなく日本茶とモナカ（和菓子）も付く満足度の高いメニューだ。DATA☎075-525-1519 住東山区清水3-343 🕒11～15時LO（土・日曜、祝日は～16時LO）休無休 交市バス停清水道から徒歩5分 Pなし MAP付録P15B3

洋食の店 みしな
ようしょくのみせ みしな

軽やかな揚げ物が地元客に人気

地元客から長年にわたり愛される洋食の名店。きめ細かいパン粉を使用した揚げ物はサクッと軽やか。かにクリームコロッケと海老フライ2850円。DATA ☎075-551-5561 住東山区高台寺二寧坂畔 ⏰ランチ2部制12時～・13時30分～、17時～19時30分最終入店（要予約）休水曜、第1・3木曜 交市バス停清水道から徒歩5分 Pなし MAP P15B3

ギャルソンクレープ
ぎゃるそんくれーぷ

ブルターニュ仕込みのおいしさ

フランスで修業を積んだ主人によるガレットとクレープの専門店。ガレットはそば粉の香りが香ばしくモチモチ。生オレンジと自家製キャラメルのクレープ1580円。DATA ☎075-561-1111 住東山区東大路通松原上ル下弁天町53-3 ⏰11時30分～なくなり次第終了 休木曜、不定休あり 交市バス停東山安井から徒歩3分 Pなし MAP付録P10D4

天
てん

清水坂のモダンな和カフェ＆ショップ

カフェでは京都の老舗の抹茶を使った抹茶レアチーズケーキのセット1500円や、きな粉のお茶碗パフェなどが楽しめる。ショップではカフェで使われている陶器をはじめ、オリジナルの手作り雑貨なども販売。 DATA ☎075-533-6252 住東山区清水2-208-10 ⏰10時30分～17時30分LO（季節変動あり）休不定休 交市バス停清水道から徒歩7分 Pなし MAP付録P15B3

スターバックス コーヒー 京都二寧坂ヤサカ茶屋店
すたーばっくす こーひー きょうとにねいざかやさかちゃやてん

日本家屋のスターバックス

風情ある二寧坂沿いに立ち、築100年以上の日本家屋を改装している。玄関には暖簾がかかり、店内には美しい坪庭や、靴を脱いで上がる座敷などがある。DATA ☎075-532-0601 住東山区高台寺南門通下河原東入桝屋町349 ⏰8～20時 休不定休 交市バス停東山安井から徒歩10分 Pなし MAP付録P15B3

日東堂
にっとうどう

日本各地のこだわり道具が揃う

文具や食器など、日本の細やかな技術が生きた、美しく実用的なアイテムを扱う雑貨店。手作り麻の匂い袋各660円は気軽なお土産にぴったり。店にはコーヒースタンドやモダンな憩いの場も併設している。DATA ☎075-525-8115 住東山区八坂上町385-4 ⏰10～18時 休不定休 交市バス停清水道から徒歩4分 Pなし MAP付録P10D4

かさぎ屋
かさぎや

かまど炊きの自家製餡を使ったおはぎ

大正3年（1914）創業。名物はおはぎで、最高級の丹波大納言小豆をかまどで炊き上げ、創業当時からの味を守り続けている。3種の餡を使った三色 萩乃餅は750円。かつて、画家の竹久夢二も通ったという。DATA ☎075-561-9562 住東山区高台寺桝屋町349 ⏰10時～17時30分 休火曜（祝日の場合は営業）交市バス停清水道から徒歩6分 Pなし MAP付録P15B3

幕末の京都を駆け抜けた坂本龍馬ゆかりの地へ

幕末のヒーロー・坂本龍馬をはじめとする志士ゆかりの歴史スポットを訪ねましょう。

維新の道
いしんのみち

幕末ファンの聖地へ向かう道

坂本龍馬や中岡慎太などの志士を祀る、京都霊山護国神社へ続く参道。約300mの急な坂道で、上った先には神社と霊山歴史館がある。DATA 住東山区清水1 ⏰休散策自由 交市バス停東山安井から徒歩5分 Pなし MAP付録P15B3

京都霊山護国神社
きょうとりょうぜんごこくじんじゃ

龍馬の墓参りができる鎮魂の社

明治維新に命を懸けた志士たちを祀る神社。坂本龍馬と中岡慎太郎の墓が並んでいる。DATA ☎075-561-7124 住東山区清閑寺霊山町1 ¥霊山墳墓拝観300円 ⏰8～17時（入山受付は9時～）休無休 交市バス停東山安井から徒歩10分 Pなし MAP付録P15C2

幕末維新ミュージアム霊山歴史館
ばくまついしんみゅーじあむりょうぜんれきしかん

龍馬や新選組の史料を豊富に展示

幕末維新を研究する専門博物館。龍馬や新選組などの遺品.歴史史料を展示。DATA ☎075-531-3773 住東山区清閑寺霊山町1 ¥900円 ⏰10時～17時30分（受付～17時）休月曜（祝日の場合は翌日）交市バス停東山安井から徒歩7分 P5台 MAP付録P15B3

知恩院黒門前の道を西へ進むと、映画などによく登場する柳並木の白川（MAP付録P10D1）が見えてきます。

これしよう！
旬の味覚がずらり錦市場をおさんぽ
京の食の台所には京都らしいお惣菜店や甘味処が充実。(☞P38)

これしよう！
はんなり街歩きと和カフェめぐり
花街・祇園には風情あふれる小路やカフェが多数ある。(☞P34)

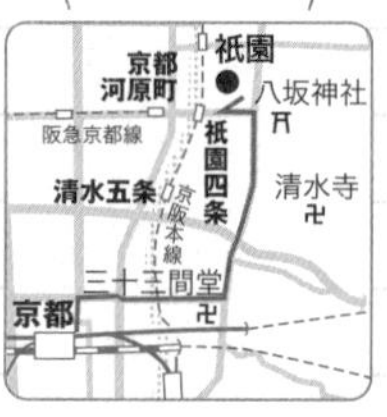

これしよう！
モダンな町家カフェでひと休み
伝統とモダンが織りなす古都ならではの空間を堪能。(☞P36)

舞妓さん柄のぽっちりのがま口☞P35

祇園・河原町はココにあります！

京都 河原町 / 祇園 / 八坂神社 / 阪急京都線 / 祇園四条 / 京阪本線 / 清水五条 / 清水寺 / 三十三間堂 / 京都

華やかで賑やかな京都一の繁華街

祇園・河原町
ぎおん・かわらまち

こんなところ

紅柄格子のお茶屋さんが軒を連ね、舞妓さんが歩く花街・祇園は、古都の風情が最も楽しめるエリア。鴨川沿いの先斗町や高瀬川沿いの木屋町もおすすめ。京都随一の繁華街・河原町は四条通沿いに百貨店やショップが軒を連ね、新しい京都と出会える。

access

●京都駅から

【バス】
市バス206系統で19分の東山安井、21分の祇園下車

【電車】
・地下鉄烏丸線で3分の四条駅下車、徒歩3分の阪急電鉄烏丸駅乗り換え、2分の京都河原町駅下車
・地下鉄烏丸線で5分の烏丸御池駅下車
・JR奈良線で2分の東福寺駅乗り換え、京阪電鉄で6分の祇園四条駅下車

広域MAP 付録P4F1～D1

～祇園・河原町　はやわかりMAP～

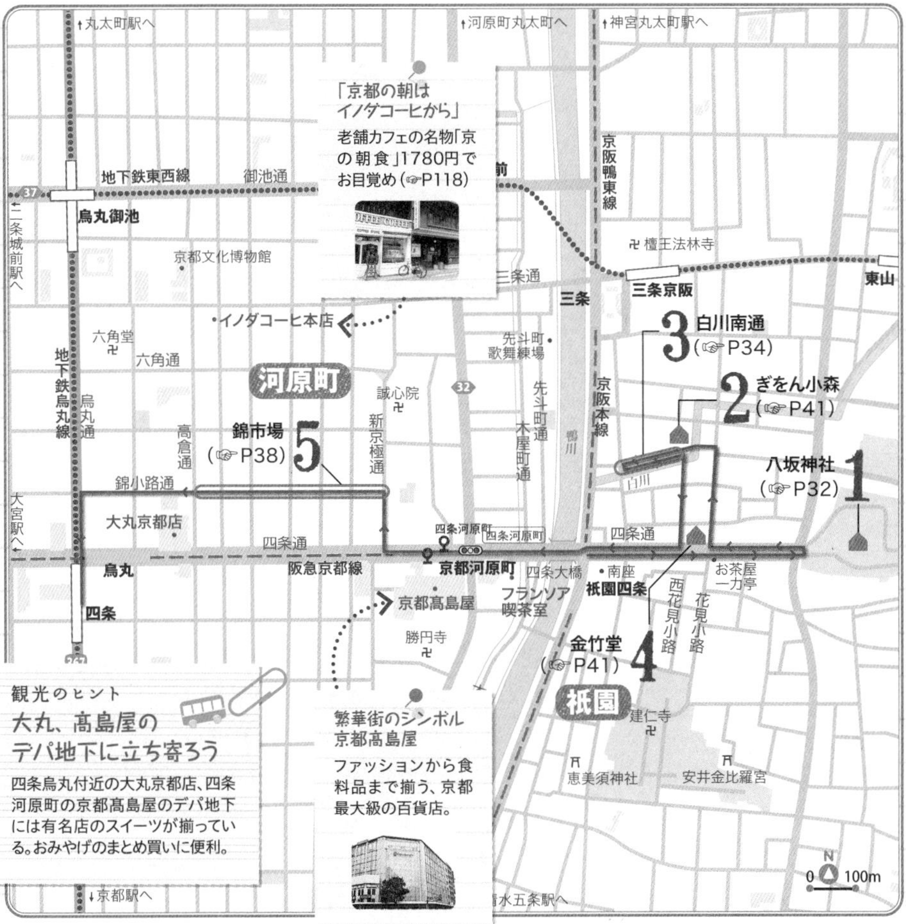

「京都の朝は
イノダコーヒから」
老舗カフェの名物「京の朝食」1780円でお目覚め（☞P118）

•イノダコーヒ本店

1 八坂神社（☞P32）
2 ぎをん小森（☞P41）
3 白川南通（☞P34）
4 金竹堂（☞P41）
5 錦市場（☞P38）

繁華街のシンボル
京都髙島屋
ファッションから食料品まで揃う、京都最大級の百貨店。

観光のヒント
大丸、髙島屋のデパ地下に立ち寄ろう
四条烏丸付近の大丸京都店、四条河原町の京都髙島屋のデパ地下には有名店のスイーツが揃っている。おみやげのまとめ買いに便利。

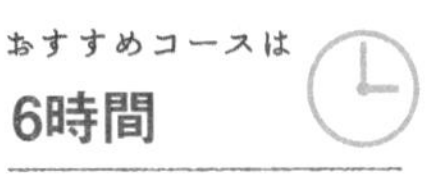

まずは、祇園を見守る八坂神社へお参りに。柳が揺れる白川南通など、京都らしい町並みを散策したあとは、京の台所・錦市場へ。活気あふれる市場の雰囲気を楽しもう。

「祇園さん」と親しまれる八坂神社へまずはお参り

地元の人に「祇園さん」の名前で親しまれる八坂神社は、花街・祇園のシンボル的存在。町を散策する前に、まずはこちらへお参りしましょう。

正門は南楼門です！

西楼門
四条通の東端に立つ楼門。現在の門は明応6年(1497)に再建されたもの

やさかじんじゃ
八坂神社

艶やかな朱色の楼門がお出迎え

斉明天皇2年(656)に創祀された神社。厄除けや開運招福のご利益で知られ、大晦日は全国から訪れる参拝者で賑わう。京都三大祭りのひとつである祇園祭は、八坂神社の祭礼行事で、7月1日の吉符入りから、神幸祭や還幸祭など、1カ月にわたってさまざまな神事が行われる。

☎075-561-6155 住東山区祇園町北側625 ⓛ休境内自由 交市バス停祇園からすぐ Pなし MAP付録P10D2

境内の注目ポイント

舞殿 本殿の南側に立つ舞台で、奉納行事などが行われる。結婚式が行われることもある

本殿
本殿と拝殿が一つの屋根で覆われた珍しい建築様式。2020年12月には国宝に指定された

美御前社
美人の誉れ高き宗像三女神を祀る社。「美容水」を肌につけて心身の美を祈願しよう

桜で有名な円山公園と法然上人ゆかりの名刹・知恩院へ

京都の桜といえば、やはり円山公園は外せません。春の京都を訪れたら、円山公園の桜は必見！ 法然上人ゆかりの知恩院と合わせて巡ってみませんか。

ここに注目！

ぎおんのよざくら
祇園の夜桜

昼は華やかな、夜は艶やかな表情を見ることができる。現在の桜は2代目

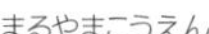
樹齢90年以上の大木。豪華絢爛な姿が目を引く

ここに注目！

だいしょうろう
大鐘楼

延宝6（1678）造営。釣鐘は高さ3.3m、重さ約70トン

釣鐘が鳴らされるのは法然上人の御忌大会と大晦日のみ

まるやまこうえん
円山公園

京の花見は歴史ある名園で

京都市最古といわれる公園で、京都を代表する桜スポットとして知られる。春になると、約680本もの桜が咲き誇り、幻想的なライトアップも開催。なかでも園内中央にそびえる一重白彼岸枝垂桜の美しさは圧巻だ。園内には、七代目・小川治兵衛作の庭園や、坂本龍馬と中岡慎太郎の銅像など、個性的なみどころがたっぷり。

1 坂本龍馬の銅像と記念撮影する人も多い 2 庭園は国の名勝に指定されている

☎075-561-1778（京都市都市緑化協会）※木～火曜の9～17時 住東山区円山町 ⏲休園内自由 交市バス停祇園から徒歩3分 P134台（有料） MAP付録P15B1

ちおんいん
知恩院

三門や大鐘楼の迫力は圧巻！

浄土宗の総本山。法然上人が承安5年（1175）に草案を結び、専修念仏の教えを説いたことを起源とする。有名な国宝の三門は、現存する木造門では日本最大級。高さ24m、幅50mと圧倒的なスケールで、見上げるとその迫力に驚かされる。京都方広寺や奈良東大寺と並ぶ大鐘楼も必見だ。

1 17人で撞かれる除夜の鐘 2 三門は楼上が公開されることもある

☎075-531-2111 住東山区林下町400 ¥境内自由（友禅苑300円、方丈庭園400円） ⏲9時～16時30分（16時最終受付） 休無休 交市バス停知恩院前から徒歩5分 Pなし MAP付録P10F1

知恩院の除夜の鐘は京都の冬の風物詩。参詣者も見学することができます。

舞妓さんが歩く祇園の街をはんなりおさんぽ

歩いて回って約3時間

石畳の道にお茶屋さんが軒を連ね、古都らしい風情に心ときめきます。京都で一番"はんなり"としたエリアの名所名店を訪ね歩きましょう。

鴨川に向かって流れる白川沿いの石畳の道。京都らしい風情が残る

スタート！

しらかわみなみどおり

白川南通

京都らしさ全開の水辺に続く石畳

鴨川に向かって流れる白川と、歴史あるお茶屋の建物が続く石畳の道。柳や桜、川のせせらぎなど自然との調和も美しい。道中には歌人・吉井勇の歌碑もある。

¥🕒休散策自由 交京阪祇園四条駅から徒歩5分 Pなし MAP付録P11C1

歴史あるお茶屋の建物が連なる。現在は飲食店になっているところも

徒歩5分

徒歩すぐ

たつみばし・たつみだいみょうじん

巽橋・辰巳大明神

シンボリックな絵になる情景

テレビや映画でもおなじみの京都有数の名物ロケーション。舞妓さんがお稽古やお座敷の行き帰りによく通り、芸事の上達を願って辰巳大明神にお参りするそう。

¥🕒休散策自由 交京阪祇園四条駅から徒歩7分 Pなし MAP付録P11C1

1 辰巳稲荷こと辰巳大明神は芸事のご利益がある神社で、昔から芸能関係者の信仰が厚い 2 白川に架かる巽橋付近は祇園らしい情緒が漂う。四条通へ抜ける路地の風情も格別

鍵の紋をあしらった円柱状の漆器で供されるくずきり1400円。吉野の本葛のみを使用している

舞妓さんに人気のおうどん

祇園で働く人たちが愛用する「麺処おかる」。数あるメニューのなかで舞妓さんに人気なのは、チーズ肉カレーうどん1220円。☎075-541-1001 MAP付録P11C2

徒歩2分

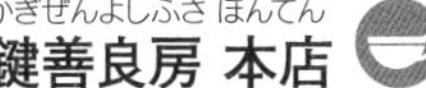

かぎぜんよしふさ ほんてん
鍵善良房 本店

伝統を守り抜く くずきりは必食！

江戸中期創業の老舗和菓子店。奥の茶房でいただけるくずきりは、材料とできたてにこだわった名物で、沖縄産の黒糖から作った黒蜜の濃厚な甘みと、つるりとした喉ごしは絶妙。

☎075-561-1818 住東山区祇園町北側264 ⏲10時～17時30分LO（早まる場合あり）休月曜（祝日の場合は営業、翌日休）交京阪祇園四条駅から徒歩3分 Pなし MAP付録P11C2

四条通に面して立つ。庭に面した店内はゆったり開放的

知恩院御用達の老舗だけあって本格的なお香が充実。普段使いのお線香も見つかる

とよだあいさんどう
豊田愛山堂

愛らしく装う上品な和の香り

仏様用のお線香や香木を扱う一方、ちりめんや組紐など和の素材で作られたオリジナルの香袋も品揃え豊富。手ごろな根付タイプはおみやげにも最適。

☎075-551-2221 住東山区祇園町北側277 ⏲10～18時 休水曜 交京阪祇園四条駅から徒歩3分 Pなし MAP付録P11C2

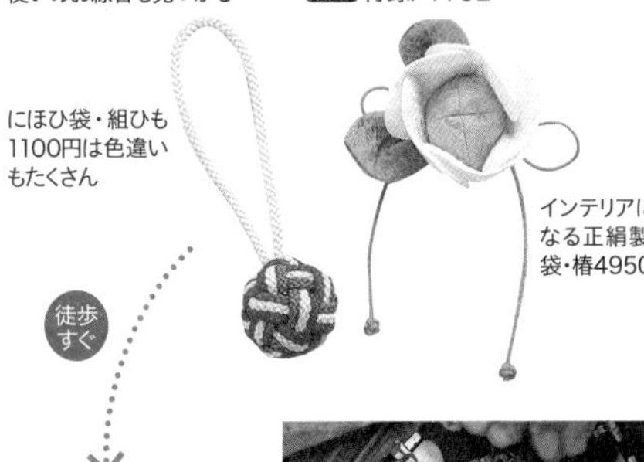

にほひ袋・組ひも1100円は色違いもたくさん

インテリアにもなる正絹製香袋・椿4950円

徒歩すぐ

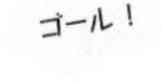

徒歩すぐ

上からサファリ5.5横長ポーチ2420円、ガーデンジャガード4.0くしマチ1870円

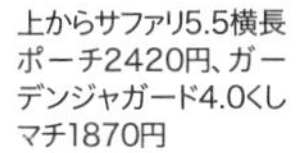

ぽっちり ぎおんほんてん
ぽっちり 祇園本店

京都がモチーフの キュートながま口

乙女心をくすぐる愛らしい絵柄が評判のがま口専門店。夏は祇園祭、秋は紅葉など、京都の行事や風物詩を柄に取り入れた季節限定商品もそろえている。

☎075-531-7778 住東山区祇園町北側254-1 ⏲12～20時 休無休 交市バス停祇園から徒歩5分 Pなし MAP付録P11C2

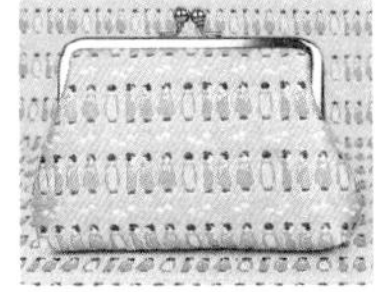

舞妓さんをモチーフにした京の舞妓ジャガード4.0角マチ2310円

ゴール！

けんにんじ
建仁寺

京都最古の禅林は 見どころが多数

建仁2年（1202）、臨済宗の開祖・栄西が開いた禅寺。法堂天井の「双龍図」や、俵屋宗達の「風神雷神図屏風」（複製）、枯山水の潮音庭など、みどころが目白押し。

☎075-561-6363 住東山区大和大路四条下ル小松町584 ¥800円 ⏲10～17時 休4月19・20日、6月4・5日、ほかHP要確認 交市バス停東山安井から徒歩5分 P40台 MAP付録P11B3

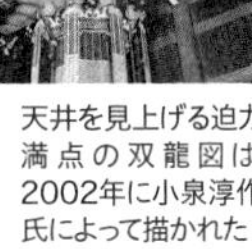

天井を見上げる迫力満点の双龍図は、2002年に小泉淳作氏によって描かれた

建仁寺には個性豊かな庭がたくさん。○△□の庭は宇宙の根源的形態を表現しているそうです。

古都らしい雰囲気の町家カフェで至福のひととき

京都の伝統的な木造建築の町家には、独特の落ち着きと安らぎがあります。そんな中でおいしいお茶やスイーツが味わえる、評判の町家カフェへご案内。

木屋町

わぐりせんもんてんさをり さをり

和栗専門店 紗織 -さをり-

鴨川ビューの町家でできたてモンブラン

町家をリノベーションした空間でいただけるのは、全生産量のわずか1%という京都産丹波栗のみを使ったモンブラン。注文ごとにモンブランクリームを絞り器で糸のようにふんわりと重ねて仕上げている。

☎075-365-5559 住下京区木屋町通高辻上ル和泉屋町170-1 ⏰10～18時（17時30分LO）休不定休 交阪急京都河原町駅から徒歩5分 Pなし MAP付録P11A4

❶和栗と季節の果物タルト2530円。タルトに花びらのようなクリームとフルーツを添えている ❷メレンゲやクリームが層になった、錦糸モンブラン「紗」3080円。すべてのデザートにペアリングドリンクが付く ❸入店は整理券制（配布時間は季節により異なる）

元お茶屋のカフェは味わいも雰囲気もほっこり

元はお茶屋を営んでいた古い町家を改装した「Café冨月」。レトロな空間で豆腐やおからを使った体にやさしいスイーツをいただけば、身も心もほっこりします。☎075-561-5937 MAP付録P11C3

祇園

ぎおん きたがわはんべえ

祇園 北川半兵衛

抹茶問屋から生まれた贅沢な抹茶プレート

文久元年（1861）創業の茶問屋「北川半兵衛商店」が手がける茶房。ダークな色調で統一されたシックな店内で、こだわり抜いた抹茶スイーツが楽しめる。人気はアイスやチーズケーキなどを盛り合わせた抹茶のデグリネゾン。

☎075-205-0880 住東山区祇園町南側570-188 ⏰11～22時（18時～は夜カフェ営業）休無休 交市バス停祇園から徒歩5分 Pなし MAP付録P11C3

❶お茶屋や料亭などが集まる祇園南側のエリアに立つ ❷店内のダークな色調は、抹茶の色が美しく映えるように考えられているそう ❸アイス、チーズケーキ、ジュレ、クッキーなど抹茶尽くしの抹茶のデグリネゾン2900円 ❹店内は1階と2階に分かれている

祇園

きょうとぎおん あのん ほんてん

京都祇園 あのん 本店

あんこ×マカロン斬新スイーツを提案

和菓子製造会社が手がけるカフェで、あんこと洋素材を組み合わせた新感覚メニューが楽しめる。スイーツはテイクアウトもOK。美しいパッケージなので、おみやげにもおすすめ。

☎075-551-8205 住東山区清本町368-2 ⏰12～18時（17時LO）休火曜 交京阪祇園四条駅から徒歩3分 Pなし MAP付録P11C2

❶メニューに合せてあんこの炊き方を変えるというこだわり ❷町家の風情を残すモダンな店内。坪庭もすてき ❸餡とマスカルポーネの斬新な組み合わせが楽しめる、あんぽーね5個入1836円は、おみやげにもぴったり ❹和紙を使ったライトなど、京都らしい家具が町家建築に融合

江戸時代末期には700軒以上あった祇園のお茶屋さん。京風情あふれる建物は、今はカフェやバーとして多く利用されています。

京都の台所・錦市場でお手軽京グルメをチェック

古都の食を支えて400余年の錦市場。390mのアーケードに100軒以上の店が並びます。そぞろ歩きながら、京都らしいグルメを探しましょう！

▲揚げたての豆乳ドーナツ8個400円
◀甘さ控えめの豆乳ソフトクリーム400円

とうふや湯葉などの商品も充実している

一 こんなもんじゃ

健康な体をつくる豆乳スイーツ

とうふ製品で有名な「京とうふ藤野」が豆乳を使用したヘルシーなスイーツを提供。ひと口で食べられるドーナツや、ソフトクリームはおやつにぴったり！

☎075-255-3231 住中京区錦小路通堺町西入ル ⏰10～18時（ドーナツは～17時頃）休不定休 交地下鉄四条駅、阪急烏丸駅から徒歩5分 Pなし MAP付録P13C3

1つから購入可能な、もちもち麩饅頭270円

のれんの「ふ」の字がかわいらしい。店内席でいただくことも可能

二 麩嘉 錦店

食感が斬新なお麩の饅頭

京生麩の専門店。定番のよもぎ麩から、バジリコ、パンプキンなど、珍しい味のものまで20種類以上の生麩が揃う。季節限定品や錦店でしか買えない品も。

☎075-221-4533 住中京区錦小路通堺町北東角 ⏰10時～17時30分 休月曜 交地下鉄四条駅、阪急烏丸駅から徒歩5分 Pなし MAP付録P13C3

三 冨美家 本店

長年愛される京風うどん

昔から変わらぬ人気を誇る、錦市場のおうどん屋さん。「冨美家鍋」の愛称で親しまれる京風なべ焼きうどん860円は、ボリュームたっぷりで体が温まる一品。

☎075−222−0006 住中京区堺町通錦小路上ル ⏰11時～16時30分（土・日曜は～17時）休金～月曜 交地下鉄四条駅、阪急烏丸駅から徒歩5分 Pなし MAP付録P13C3

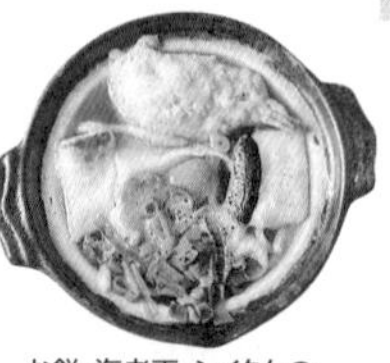

お餅、海老天、シイタケの入った冨美家鍋

京都の良質の銘水と厳選された材料で、京の味をどうぞ

四 大國屋

ご飯のお供に香ばしい鰻

川魚の専門店で、鰻の蒲焼や川魚の佃煮を扱う。炭火でじっくり焼いた鰻を山椒入りのタレで煮込んだ名物の「ぶぶうなぎ」が人気。

☎075-221-0648 住中京区錦小路富小路西入東魚屋町177-2 ⏰9～18時 休水曜、第2・4・5火曜 交地下鉄四条駅、阪急烏丸駅から徒歩5分 Pなし MAP付録P13C3

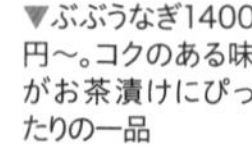

▼ぶぶうなぎ1400円～。コクのある味がお茶漬けにぴったりの一品

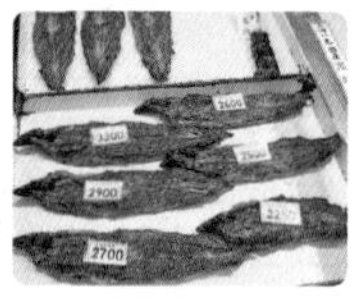

店頭には鰻を焼き上げるこうばしい香りが漂う

京都の伝統野菜をおみやげに！

京都の風土を生かして作られ、独特の形や味わいが特徴の京野菜。錦市場では、かね松、四寅、川政、河一商店、山久商店（MAP付録P12D3～P13C3）などの店頭で購入できる。

えびいも
旬●10月下旬～1月
サトイモの品種。エビに見立てて命名された。粘り気が強く、しまりがよくて煮崩れしにくい。

賀茂なす
旬●6月下旬～10月
江戸時代からの食材。肉質がしまり、歯ごたえがよいのが特徴。田楽がお馴染みのメニュー。

香ばしいきな粉を召し上がれ

黒豆を使った甘味が楽しめる「黒豆茶庵 北尾 錦店」。自家製の黒豆わらび餅(8切)715円は黒豆きな粉をつけていただこう。☎075-212-0088 MAP付録P13C3

津之喜酒舗限定販売「桝源」730円

すっきり飲みやすく辛口。坤滴(こんてき)720mℓ 1760円

東西南北、希少な酒類がずらりと揃う。ここでしか手に入らない品も

五 津之喜酒舗（つのきしゅほ）

江戸時代から続く酒店

創業天明8年（1788)、京都で200年続く老舗酒店。全国各地の有名地酒や、各種調味料も多数取り扱う。伏見月の桂の純米酒「桝源」はやわらかな味わい。

☎075-221-2441 住中京区錦小路通富小路東入ル 🕒10時～17時30分 休水曜 交阪急京都河原町駅から徒歩5分 Pなし MAP付録P13C3

料理屋さんのおばんちゃ 100g713円～

多彩なお茶を取り揃えている。迷ったときはお店の人に好みを伝えて

六 やまだしや（やまだしや）

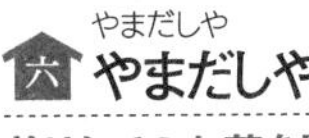

煎りたてのお茶を量り売り

できたての新鮮なお茶を量り売りで販売しており、店頭にはお茶を煎る香ばしい香りがふわり。種類も豊富で選ぶのも楽しい。

☎075-223-5272 住中京区錦小路通麩屋町西入ル 🕒10～17時 休水曜、木曜不定休 交阪急京都河原町駅から徒歩4分 Pなし MAP付録P13C3

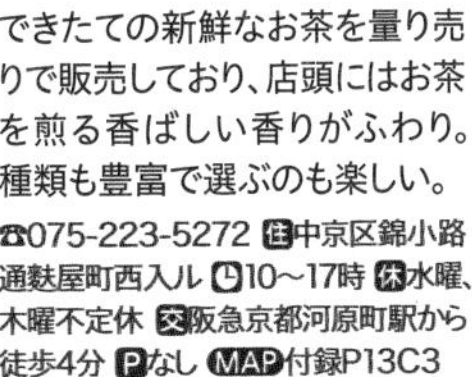

黒豆茶庵北尾 錦店 富小路通 五 川政 六 麩屋町通 四寅 御幸町通 八 寺町通 河原町駅へ

七 三木鶏卵（みきけいらん）

玉子料理も餡ぱんも絶品

市場の中央に位置する玉子の専門店。少し離れたところにもだしのいい香りが漂ってくる店頭には、新鮮さが売りの鶏卵と、趣向を凝らした絶品玉子製品の数々が並ぶ。

☎075-221-1585 住中京区錦小路通富小路西入ル 🕒9～17時 休無休 交地下鉄四条駅、阪急烏丸駅から徒歩5分 Pなし MAP付録P13C3

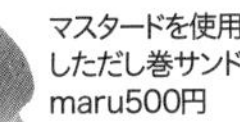

マスタードを使用しただし巻サンドmaru500円

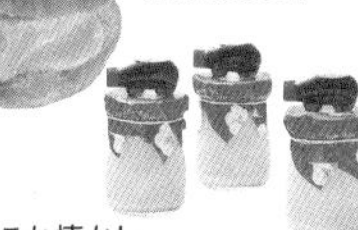

どこか懐かしい味のたまごプリン420円

お客さんが絶えない店先。ショーケースには人気のだし巻きがずらり

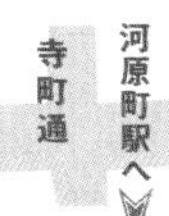

八 錦・高倉屋（にしき・たかくらや）

食卓に欠かせないお漬物

店頭に並ぶ大量の樽が圧巻な京漬物店。農家から毎日届く、季節ごとに厳選された新鮮な京野菜を、巧みな職人の技術で丁寧に漬け込む。カブの意匠がかわいい贈答用の風呂敷もある。

☎075-256-3123 住中京区錦小路通寺町西入ル 🕒10時～17時30分 休不定休 交阪急京都河原町駅から徒歩5分 Pなし MAP付録P12D3

京の伝統野菜、壬生菜の浅漬500円

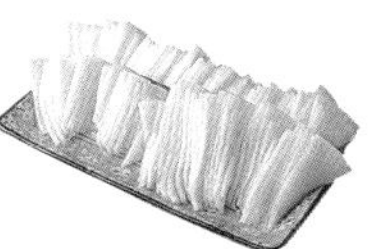

冬の代名詞・聖護院かぶら千枚漬660円

吉野杉の木樽に直接糠を入れ、漬け込む

九条ねぎ（くじょう）

旬●1～2月

栽培の歴史は奈良時代にさかのぼる。やわらかくて風味がよく、すき焼きや麺料理に活躍する。

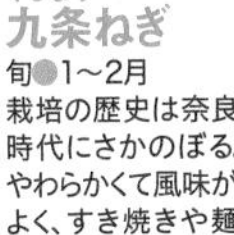

聖護院だいこん（しょうごいん）

旬●10月下旬～2月下旬

江戸時代、聖護院の農家で長大根の栽培を続けるうちに丸型に。甘くて苦みが少なく、煮崩れしない。

万願寺とうがらし（まんがんじ）

旬●6月下旬～8月

舞鶴市の万願寺発祥という。大ぶりで皮がやわらかく甘みがあるので、焼き物、煮物、天ぷらなどに。

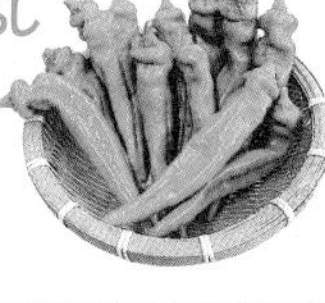

京都の農林水産物の中でも特に品質が優れている24品目には「京のブランド産品」マークが貼られています。

ココにも行きたい

祇園・河原町のおすすめスポット

にしきてんまんぐう 錦天満宮

繁華街の真ん中に鎮座する古社

学問の神様菅原道真公を祭神とする。天正15年（1587）、豊臣秀吉の都市計画により現在地に移転。商売繁盛や学問のご利益はもちろん、境内に湧き出る名水「錦の水」や、オリジナルの御守・おみくじ等があり、多くの参拝客で賑わう。DATA ☎075-231-5732 住中京区新京極通四条上ル中之町537 ¥無料 ⏰8～20時 休無休 交阪急京都河原町駅から徒歩5分 Pなし MAP付録P12D3

ろっかくどう ちょうほうじ 六角堂 頂法寺

嵯峨天皇の良縁にあやかって

聖徳太子創建と伝わる寺。境内には、京都の中心に位置するといわれるへそ石や、嵯峨天皇がお告げを受けて妃と結ばれたという柳の木があり、枝には良縁を願って多くのおみくじが結ばれている。DATA ☎075-221-2686（池坊総務所）住中京区六角通東洞院西入ル堂之前町248 ¥無料 ⏰6～17時（納経は8時30分～）休無休 交地下鉄烏丸御池駅から徒歩3分 Pなし MAP付録P13B2

やすいこんぴらぐう 安井金比羅宮

良縁結びと悪縁切りの神様

平安末期創建、「安井の金比羅さん」とよばれ親しまれる神社。形代（お札）がびっしり貼られた碑は、願い事を書いた形代を持ち、表からくぐって悪縁を切り、裏からくぐって良縁を結ぶ祈願方法。美髪祈願の久志塚などもある。DATA ☎075-561-5127 住東山区東大路松原上ル下弁天町70 ¥⏰休境内自由 交京阪祇園四条駅から徒歩15分 P6台 MAP付録P11C4

やたでら 矢田寺

苦しみを代受してくれる地蔵菩薩

平安遷都後、奈良の矢田寺の別院として建立された寺。地獄で罪人たちを救う御姿のご本尊・地蔵菩薩立像は、高さが1m70cmもの立像で、苦しみを引き受ける代受苦地蔵として信仰を集めている。DATA ☎075-241-3608 住中京区寺町三条上ル ¥無料 ⏰8～17時 休無休 交京都駅から市バス205系統で16分の河原町三条下車、徒歩5分 Pなし MAP付録P12D2

せいがんじ 誓願寺

落語発祥の寺で芸事上達祈願を

飛鳥時代に奈良に創建した、浄土宗西山深草派の総本山。戦国時代の住職が落語の祖と仰がれていることなどから、芸道上達の寺として広く信仰を集める。清少納言や和泉式部がこの寺で尼となったことでも有名。DATA ☎075-221-0958 住中京区新京極通三条下ル桜之町453 ¥無料 ⏰9～17時 休無休 交京都駅から市バス205系統で16分の河原町三条下車、徒歩5分 Pなし MAP付録P12D2

ほうぞうじ 宝蔵寺

インパクト大の髑髏の御朱印

弘法大師空海が創立し、如輪上人の開基と伝わる寺。江戸時代中期の絵師・伊藤若冲や、伊藤家の菩提寺としても知られており、御朱印は若冲筆の髑髏図をモチーフ。季節によって色が変わるのもユニーク。DATA ☎075-221-2076 住中京区裏寺町通蛸薬師上ル裏寺町587 ¥⏰休本堂は通常非公開（御朱印授与は可能※10～16時、月曜休、臨時休業あり）交市バス停河原町三条から徒歩3分 Pなし MAP付録P12D2

きょうのおかず きょうのおかず

野菜たっぷり京の家庭の味

農場を併設する商業施設「京都八百一本館」2階にあるレストラン。旬の野菜を活かしたメニューを取り揃え。月替わりのきょうのお昼ごはんは1480円（写真はイメージ）。DATA ☎075-223-2370 住中京区東洞院通三条下ル三文字町220 ⏰11～15時LO、17時～20時30分LO 休火曜 交地下鉄烏丸御池駅から徒歩3分 Pなし MAP付録P13B2

おばんざいなのはな おばんざい菜の花

心なごむくつろぎ空間と家庭の味

掘りごたつの店内に上がれば、まるで友人宅を訪れたような気分に。京都の家庭の味が楽しめる、菜の花ランチセット1630円は、旬の魚や野菜、豆腐などを使って栄養バランスも満点。DATA ☎075-241-7786 住中京区御幸町通六角下ル伊勢屋町338 ⏰12時～14時30分LO（土・日曜、祝日のみ）、17時45分～22時LO 休水曜（火曜不定休）交阪急京都河原町駅から徒歩8分 Pなし MAP付録P12D2

すこるぴおーねきちう スコルピオーネ吉右

地野菜がおいしい古民家イタリアン

木屋町通りの一本裏、閑静なロケーションに佇む店。趣ある古民家で、旬の食材をふんだんに使った本場イタリアの郷土料理などが味わえる。ディナーコースは5800円～。DATA ☎075-354-9517 住下京区市之町248 ⏰11時30分～15時、17時30分～20時30分LO 休無休 交阪急京都河原町駅から徒歩5分 Pなし MAP付録P12E4

豆皿懐石 祇をん豆寅
まめざらかいせき ぎをんまめとら

和菓子のように愛らしい豆すし

花見小路の祇園甲部歌舞練場正面にある料理店。舞妓さん好みの手まり寿司が評判を集める。小さな豆皿を使った懐石料理のなかでも、ひと口サイズの豆すし膳5500円（昼）、豆すし懐石1万2100円（夜）が人気。DATA☎075-532-3955 住東山区祇園花見小路下ル歌舞練場前 ⏰11時30分～14時LO、17～21時LO 休無休 交京阪祇園四条駅から徒歩7分 Pなし MAP付録P11C3

デザートカフェ長楽館
でざーとかふぇちょうらくかん

ラグジュアリーな洋館カフェ

明治42年（1909）に建てられた、ルネッサンス様式の外観の洋館をそのままカフェとして使用している。かつて応接室に使われていたロココ様式の「迎賓の間」は、英国式のアフタヌーンティー6050円～を優雅に楽しめるおすすめの空間。DATA☎075-561-0001 住東山区八坂鳥居前東入円山町604 ⏰11～18時 休不定休 交市バス停祇園から徒歩5分 P10台 MAP付録P10E2

ぎをん小森
ぎをんこもり

京風情も一緒に味わう大人の甘味

元お茶屋さんの建物で、隣には白川が流れるという抜群のロケーション。自家製抹茶プリンの滑らかな舌ざわりがクセになる小森抹茶プリンパフェ1600円など、上品な甘さのスイーツには男女を問わずファンが多い。DATA☎075-561-0504 住東山区祇園新橋元吉町61 ⏰11時～18時30分 休月曜（日曜不定休）交京阪祇園四条駅から徒歩4分 Pなし MAP付録P11C1

茶寮翠泉
さりょうすいせん

手間ひまかけた抹茶のおもてなし

茶室を模した店内は、しっとりと落ち着いたモダンテイストのくつろぎの空間。注文を受けてから作る出来立て抹茶わらび餅1560円など、抹茶を満喫できるスイーツが盛りだくさん。おみやげ用の焼菓子も。DATA☎075-278-0111 住下京区高辻通東洞院東入ル稲荷町521 ⏰10時30分～18時 休不定休 交地下鉄四条駅から徒歩5分 Pなし MAP付録P5C1

カランコロン京都 本店
からんころんきょうと ほんてん

はんなりかわいい京都の雑貨

カラフルな市松模様ののれんが目印の和雑貨店。古典的で京都らしい市松模様や和花柄、舞妓さんなどのモチーフで、足袋ソックス、コスメ、文具など幅広いアイテムをカラフルに展開。色とりどりのがま口1320円～。DATA☎075-253-5535 住下京区四条通小橋西入ル真町83-1 ⏰12～20時 休無休 交阪急河原町駅からすぐ Pなし MAP付録P12E3

原了郭
はらりょうかく

有名料亭がこぞって指名する逸品

京都の名料理人も愛用する黒七味四角（5g）1265円で知られる。素材を生かすために手間ひまかけて作られた黒七味は、まろやかな香りとピリッとした辛味が爽快。明治から大正まで宮内省御用品だった御香煎四角（13g）1210円も有名。DATA☎075-561-2732 住東山区祇園町北側267 ⏰10～18時 休無休 交京阪祇園四条駅から徒歩4分 Pなし MAP付録P11C2

憧れの舞妓さんに出会えるかも！？

だらり帯におこぼ姿の舞妓さんは女の子の憧れ。舞妓さんご用達のお店がこちら。

井澤屋
いざわや

現代の暮らしにも合う和装小物

江戸時代から続く和装小物店。手触りのよいちりめん刺繍マルチポーチ「小花ちらし」は3080円。DATA☎075-525-0130 住東山区四条通大和大路西入ル中之町211-2 ⏰10時30分～19時 休無休 交京阪祇園四条駅からすぐ Pなし MAP付録P11B2

切通し 進々堂
きりとおし しんしんどう

舞妓さんが通う花街の喫茶店

舞妓さんが名づけた、あかい～の・みどり～の各380円などのフルーツゼリーが名物。DATA☎075-561-3029 住東山区祇園町北側254 ⏰10時～15時30分LO 休月曜（不定休あり）交京阪祇園四条駅から徒歩3分 Pなし MAP付録P11C2

金竹堂
きんたけどう

普段使いできる種類豊富な髪飾り

舞妓さんが髪につける花飾りを作り続けているかんざし店。日常使いできる花ピン500円～が人気。DATA☎075-561-7868 住東山区祇園町北側263 ⏰10時～19時30分 休木曜（祝日の場合は営業）交市バス停祇園から徒歩4分 Pなし MAP付録P11C2

芸妓さんや舞妓さんの名前入り団扇は、行きつけのお店に配られるもの。団扇の数が多いお店では、出会える確率も高くなります。

三門に水路閣…古刹の美景を堪能

中世～近代の歴史的な建造物が立ち並ぶ南禅寺。(☞P48)

これしよう！

四季折々に美しい哲学の道を散策

有名な哲学者が思索を重ねたという心落ち着く散歩道。(☞P46)

これしよう！

京都を代表する美術館でアート鑑賞

近現代作家のアートを鑑賞できる京都国立近代美術館。(☞P50)

大豊神社の境内に鎮座する、かわいい狛ねずみに注目しよう(☞P47)

銀閣寺・哲学の道はココにあります！

哲学の道を経て平安神宮周辺を散策

銀閣寺・哲学の道

ぎんかくじ・てつがくのみち

こんなところ

侘び、さびの世界観を表した銀閣寺から続く哲学の道は、自然豊かな散策ロード。桜、新緑、紅葉と四季折々に美しく、道沿いには趣のある古社寺が点在している。王朝絵巻のように壮麗な平安神宮と、その周りに集まる京都屈指の美術館にも訪れたい。

access

●京都駅から

【バス】

・市バス7系統で37分の銀閣寺道、38分の浄土寺下車

・市バス観光特急EX100系統で18分の岡崎公園 美術館・平安神宮前、24分の銀閣寺前下車（土・日曜、祝日のみ）

【電車】

地下鉄烏丸線で5分の烏丸御池駅乗り換え、東西線で5分の東山駅、7分の蹴上駅下車

広域MAP 付録P2D2

～銀閣寺・哲学の道 はやわかりMAP～

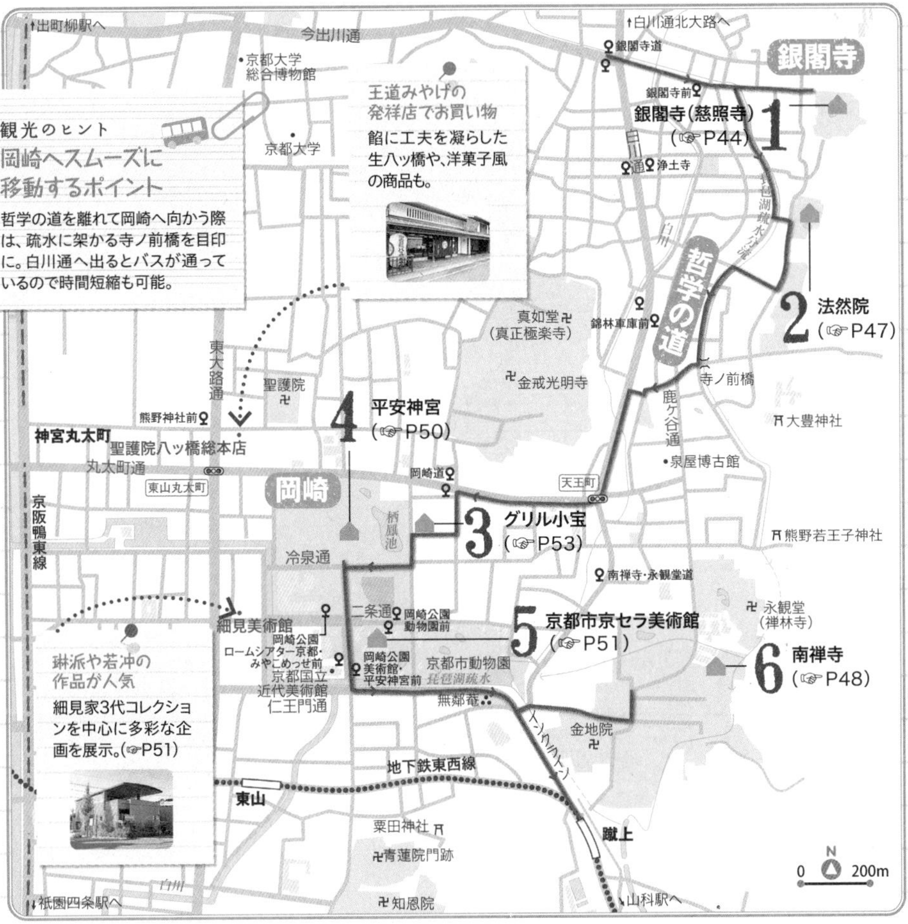

観光のヒント

岡崎へスムーズに移動するポイント

哲学の道を離れて岡崎へ向かう際は、疏水に架かる寺ノ前橋を目印に。白川通へ出るとバスが通っているので時間短縮も可能。

王道みやげの発祥店でお買い物

餡に工夫を凝らした生八ッ橋や、洋菓子風の商品も。

聖護院八ッ橋総本店

琳派や若冲の作品が人気

細見家3代コレクションを中心に多彩な企画を展示。(☞P51)

細見美術館

1 銀閣寺(慈照寺) (☞P44)

2 法然院 (☞P47)

3 グリル小宝 (☞P53)

4 平安神宮 (☞P50)

5 京都市京セラ美術館 (☞P51)

6 南禅寺 (☞P48)

おすすめコースは

5時間

銀閣寺から哲学の道沿いを南へ歩こう。東側の山裾にある法然院に立ち寄り、琵琶湖疏水を越えて白川通へ。天王町の交差点から丸太町通に出て、さらに西へ進むと平安神宮に。

飾らない美しさが魅力です 銀閣寺で侘び、さびの世界観を体感

金色に輝く北山の金閣寺とは対照的に、簡素な美しさを追求した銀閣寺。
侘び、さびの建築と洒脱な庭園の美が織り成す、禅の宇宙をめぐりましょう。

ぎんかくじ（じしょうじ）
銀閣寺（慈照寺）

侘び、さびの美学を宿す禅刹

文明14年（1482）、室町幕府8代将軍・足利義政が山荘として造営に着手したが、本人は完成を待たずに死去。のちに義政の遺言により禅寺となった。国宝の観音殿（銀閣）や東求堂は、質素ながらも気品の漂う東山文化の象徴。白砂で形作った銀沙灘や向月台とのコントラストも素晴らしい。

☎075-771-5725 住左京区銀閣寺町2 ¥500円（特別拝観は本堂・東求堂・弄清亭1000円）営8時30分～17時（12～2月は9時～16時30分、特別拝観は10～16時）休無休 交市バス停銀閣寺道から徒歩10分 Pなし MAP付録P16C1

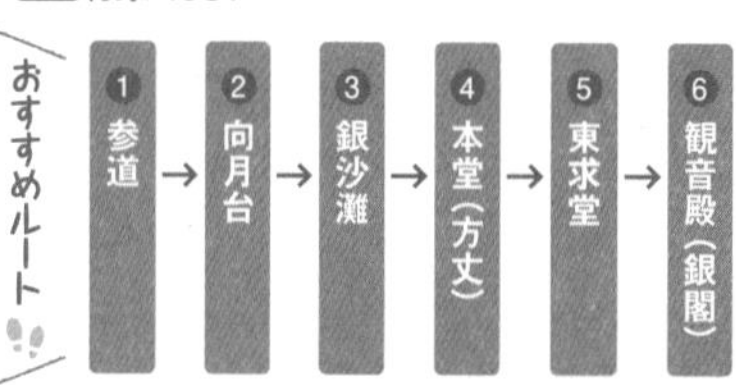

さんどう
参道
石垣、竹垣、生け垣の三層からなる銀閣寺垣には、現世と浄土を隔てる結界の意味合いがあるとか ❶

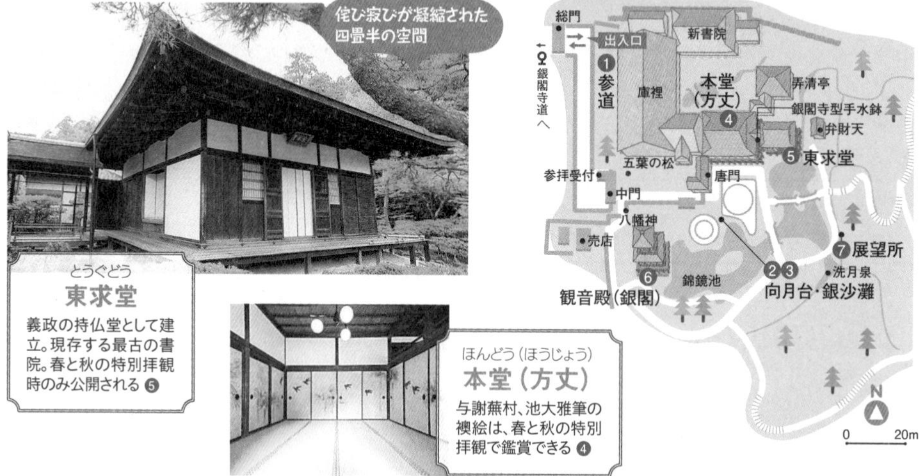

とうぐどう
東求堂
義政の持仏堂として建立。現存する最古の書院。春と秋の特別拝観時のみ公開される ❺

ほんどう（ほうじょう）
本堂（方丈）
与謝蕪村、池大雅筆の襖絵は、春と秋の特別拝観で鑑賞できる ❹

銀閣寺を見下ろす山頂の展望所は絶景です

時間にゆとりがあれば境内の奥に続く散策路を通って、山頂の「展望所」まで足をのばしましょう。京都の町並みまで一望できる高いアングルからの銀閣寺もまた格別。
MAP境内図P44-❼

月光の反射を取り入れたシックな建築芸術

向月台（こうげつだい）

東山に昇る月を見るために、江戸初期に造られたと推定される円錐台形の砂盛り造形。高さは約1.75mにもなる ❷

観音殿（銀閣）（かんのんでん（ぎんかく））

1階は書院造の心空殿、2階は観音像を祭る仏堂の潮音閣という2層構造。銀箔が貼られた形跡はない ❻

銀沙灘（ぎんしゃだん）

中国の西湖の風景を模したもの。石英、雲母を含む白砂が段形に盛られ、直線の縞模様が描かれている ❸

銀閣寺境内の売店では、向月台と銀沙灘にそっくりの俵屋吉富製の干菓子10個入り972円を販売。おみやげにもよろこばれそう。

閑静な古刹がたたずむ 哲学の道をゆるりと散策

歩いて回って 約3時間

春は桜、秋は紅葉を愛でながら、疏水の散歩道をのんびり散策。
お寺やカフェで思索にふけり、心落ち着く古都の情緒を体感しましょう。

哲学の道（てつがくのみち）

四季折々の風情が楽しめる、「日本の道百選」に選ばれた散歩道。西田幾多郎など、京都の哲学者が思索の場として好んで散歩した。春、銀閣寺〜南禅寺までの琵琶湖疏水沿いには日本画の巨匠・橋本関雪ゆかりの関雪桜が咲き誇る。MAP付録 P16C2

1 Qu-an 花様術（くあん かようじゅつ）

かわいい雑貨と風情ある店内

築170年の蔵を改装した店内には京の香りが漂よう。季節の草花をアレンジメントした品々や、手作りの和雑貨、オリジナル商品も多数。

☎075-761-3662 住左京区銀閣寺町39 ⏰11〜17時 休木曜不定休 交市バス停銀閣寺前から徒歩8分 Pなし MAP付録P16C1

1 小泉誠氏デザインの木製花器2640円〜 2 ひとつひとつ手作りしている古布小花ブローチ1900円〜 3 天井の高い、蔵をリノベーションした店内には草花やお香のいい香りが

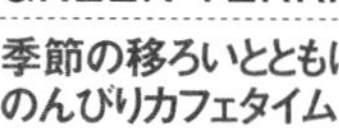

至銀閣寺
1
琵琶湖疏水分流
4 3
哲学の道
2
銀閣寺前
南田町

2 うるしの常三郎 哲学の道店（うるしのつねさぶろう てつがくのみちてん）

みやげ物から日用品までが揃う

日常で使いやすい品が、お手頃価格で並ぶ店。うるし塗りお好み丼や、木製カップなど、毎日の食事が楽しくなるようなアイテムが豊富に揃う。

☎075-751-0333 住左京区浄土寺上南田町71-2 ⏰10〜18時 休不定休 交市バス停浄土寺から徒歩7分 Pなし MAP付録P16C2

1 うるし塗り片口小鉢は1個1210円、お酒のほかデザートなどの器として楽しめる 2 漆の光沢が美しい品々が並ぶ店内。高級漆器から、デイリーな品まで種類豊富

3 riverside café GREEN TERRACE（りばーさいどかふぇ ぐりーんてらす）

季節の移ろいとともに のんびりカフェタイム

哲学の道沿いにあるオープンカフェ。広々としたテラス席からは四季折々の景色が楽しめる。

☎075-751-8008 住左京区鹿ヶ谷法然院町72 ⏰10〜18時（17時30分LO） 休水曜 交市バス停南田町から徒歩3分 Pなし MAP付録P16C2

1 京のおばんざいらんち1800円〜 2 開放感たっぷりのテラスは散策中の休憩にぴったり

緑豊かな自然に囲まれ、日々の疲れが癒される

リンゴの看板が目印

店名「Pomme」はフランス語で「リンゴ」。名前の通り生のリンゴを使ったアップルティー500円や素朴な甘さのアップルケーキ250円が人気。☎075-771-9692 MAP付録P16C2

法然院（ほうねんいん） 4

四季折々の風情を感じる 心静かなひとときを

鎌倉時代初期に、法然上人が弟子とともに念仏三昧の別行を修めた草庵の旧跡。風情ある茅葺き屋根の山門をくぐると、両側には心身を清めてくれるという白砂壇が。朝早く訪れるのがおすすめ。

☎075-771-2420 住左京区鹿ケ谷御所ノ段町30 ¥無料 ⏰6～16時（季節変動あり） 休無休 交京都駅から市バス100系統で35分の法然院町下車、徒歩10分 Pなし MAP付録P16C2

1 水を表わす砂壇の間を通ることは、心身を清めて浄域に入ることを意味している 2 茅葺きに苔生す趣深い山門。境内は紅葉と椿の名所としても有名

鹿ヶ谷通

至 南禅寺

上宮ノ前町

大豊神社（おおとよじんじゃ） 5

狛ネズミが鎮座する古社

治病や健康長寿の御利益があるとされる大豊神社。「狛ねずみの社」としても有名で、境内には狛犬ならぬ“狛ネズミ”が。狛己、狛猿、狛鳶、狛狐も。

☎075-771-1351 住左京区鹿ケ谷宮ノ前町1 ¥⏰休境内自由 交京都駅から市バス100系統で29分の宮ノ前町下車、徒歩5分 P5台（要連絡） MAP付録P16C3

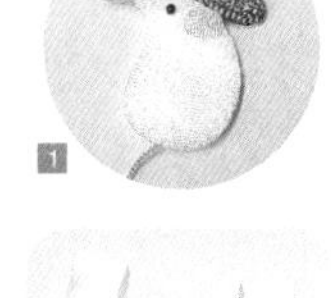

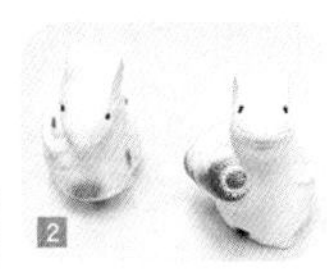

1 縁結び・子授安産のご利益があるというお守り800円 2 大豊ペアねずみ土鈴1500円 3 向かって左のネズミは子宝・長寿を表す水玉を抱き、右側は学業成就を表す巻物を持つ

熊野若王子神社（くまのにゃくおうじじんじゃ） 6

ナギの大木が 清らかなパワーを放つ

永暦元年（1160）、後白河法皇が熊野権現を勧請したことが始まり。一年を通じて美しい自然を楽しめ、桜や紅葉の穴場としても知られる。熊野神社、新熊野神社とともに京都三熊野に数えられる。

☎075-771-7420 住左京区若王子町2 ¥⏰休境内自由 交市バス停東天王町から徒歩10分 P3台 MAP付録P16C3

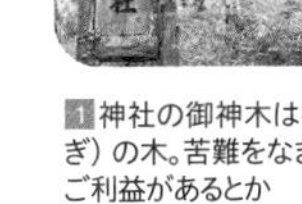

1 神社の御神木は梛（なぎ）の木。苦難をなぎ倒すご利益があるとか 2 哲学の道の南端に位置している

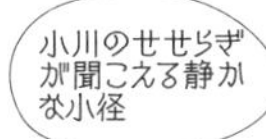

小川のせせらぎが聞こえる静かな小径

哲学の道といえば春の桜が有名ですが、夏はホタル、秋は紅葉も楽しめます。

禅宗寺院最高位を誇った巨刹 水路閣やお庭もフォトジェニックです

禅宗の流れをくむ五山文化の中心的寺院・南禅寺。
2階建ての重厚な三門やレンガ造りの水路閣のほか、桜や紅葉の美しさでも有名です。

楼上からのパノラマビュー

三門
歌舞伎『楼門五三桐』の舞台となった高さ22mの三門。石川五右衛門が「絶景かな〜」と大見得を切った眺望が楽しめる。

南禅寺（なんぜんじ）

荘厳な建築物やアート作品が多数

臨済宗南禅寺派の大本山。もとは亀山法皇の離宮だったが、正応4年（1291）に禅寺に改められ、室町時代には、「五山の上」として禅宗寺院の最高位になった。日本三大門の一つに数えられる三門や、「虎の子渡しの庭」とよばれる小堀遠州作の枯山水庭園は必見だ。

☎075-771-0365 住左京区南禅寺福地町86 ¥方丈庭園600円、三門600円 ◷境内自由（方丈庭園、三門は8時40分〜16時40分※12〜2月は〜16時10分）休12月28日〜31日 交地下鉄蹴上駅から徒歩10分 P12台 MAP付録P16C3

圧巻の造形美に感動

襖絵『水呑の虎（みずのみのとら）』
伏見城の遺構である小方丈「虎の間」には、狩野探幽による40枚の襖絵『群虎図』がある

方丈庭園
国宝の方丈の横にある枯山水庭園「虎の子渡しの庭」。6つの石を虎の親子に見立てている

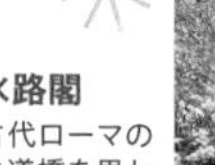

水路閣
古代ローマの水道橋を思わせる美しい水道橋。明治時代に造られた

京都復活をかけた水の路 琵琶湖疏水がもたらしたもの

明治期に完成した「琵琶湖疏水」は、今も現役で活躍している水路施設。東京遷都で活気を失った京都の再生と近代化をかけた一大事業だった。

琵琶湖疏水とは?

明治2年（1869）東京遷都以来、活力を失った京都の復興策となったのが、琵琶湖から水を引くという壮大な事業。難工事の末、明治23年（1890）に完成した。水車動力や舟運による流通の発達、日本初の事業用水力発電所稼働など、産業発展の原動力となった。現在も南禅寺の水路閣や蹴上インクラインなど、明治時代の史跡に触れることができる。

びわこそすいせん

びわ湖疏水船

2018年春より、かつて疏水を往来していた船が67年ぶりに観光船として復活。大津～蹴上間で、見どころにあふれた疏水路の船旅を楽しむことができる。

☎075-365-7768（びわ湖疏水船受付事務局／9時30分～17時30分※土・日曜、祝日は休み）¥🕒運航日・料金の詳細はHPを要確認（要予約）交蹴上乗下船場へは地下鉄蹴上駅から徒歩5分 MAP付録P16B4

けあげいんくらいん

蹴上インクライン

蹴上船溜と南禅寺船溜の間に高低差があったため、船を台車に載せて運んだ傾斜鉄道の跡。約580mの線路跡を自由に歩ける。

住左京区南禅寺福地町他 ¥🕒休散策自由 交地下鉄蹴上駅から徒歩2分 Pなし MAP付録P16B4

びわこそすいきねんかん

琵琶湖疏水記念館

南禅寺の近くにあり、琵琶湖疏水に関して総合的に情報発信する無料の施設。琵琶湖疏水の歴史や果たした役割を楽しく学ぶことができる。

☎075-752-2530 住左京区南禅寺草川町17 ¥入館料無料 🕒9～17時（入館は～16時30分）休月曜（休日、祝日の場合は翌平日）交市バス停岡崎法勝寺町から徒歩4分 Pなし MAP付録P16B3

雅な平安神宮とアートのまち岡崎をめぐる

王朝の雅を伝える平安神宮と、個性豊かな美術館を巡って、京都きってのアートゾーン岡崎を味わい尽くしましょう。

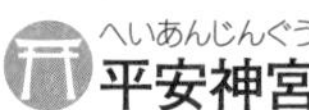

平安神宮

へいあんじんぐう

平安王朝を再現した風雅な世界へようこそ

明治28年（1895）、平安遷都1100年を記念して創建。ご祭神は桓武・孝明両天皇。平安朝大内裏の一部を縮小復元した朱塗りの建築がきらびやか。

☎075-761-0221 住左京区岡崎西天王町 ¥神苑拝観600円 ⏰6～18時（神苑は8時30分～17時30分※季節により変動）休無休 交市バス停岡崎公園 美術館・平安神宮前から徒歩3分 Pなし MAP付録P16A3

1鮮やかな朱色の大極殿。端から端までなんと30m！ 2桜の名所としても知られる 3毎年6月頃には菖蒲が神苑を彩る 4高さ24mの大鳥居は岡崎のシンボル

徒歩10分

京都国立近代美術館

きょうとこくりつきんだいびじゅつかん

近・現代の多彩なアートを展観 美しい建物や景色も必見！

京都の道をイメージした格子状の外壁がモダン。京都や西日本を中心とした近・現代作家の作品を収蔵し、年間約5回の展示替えを実施。ミュージアムショップやカフェもぜひ。

☎075-761-4111 住左京区岡崎円勝寺町 岡崎公園 ¥展覧会により異なる ⏰10～18時※企画展開催時の金曜は20時まで 休月曜（祝日の場合は翌日）交市バス停岡崎公園 美術館・平安神宮前からすぐ Pなし MAP付録P16A3

徒歩3分

▲モダンでありながら緑豊かな周辺環境にもマッチ
◀4階の大きな窓からは平安神宮の大鳥居が見える

▲京町家をイメージしたデザインの現代建築

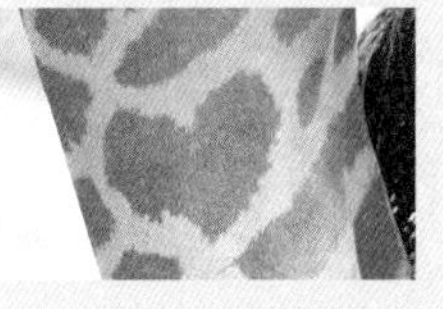

ハートマークを探そう

岡崎の京都市動物園では、右後ろ脚にハートマークの模様を持つキリンのミライちゃんが人気者。☎075-771-0210 MAP付録P16B3

徒歩10分

ほそみびじゅつかん 細見美術館

琳派コレクションを多数展示

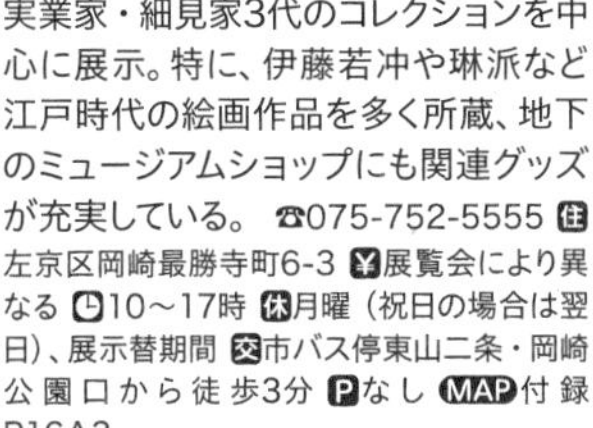

実業家・細見家3代のコレクションを中心に展示。特に、伊藤若冲や琳派など江戸時代の絵画作品を多く所蔵、地下のミュージアムショップにも関連グッズが充実している。 ☎075-752-5555 住左京区岡崎最勝寺町6-3 ¥展覧会により異なる ⏰10～17時 休月曜（祝日の場合は翌日）、展示替期間 交市バス停東山二条・岡崎公園口から徒歩3分 Pなし MAP付録P16A3

▲仔犬の清水焼の小皿3850円、角皿「百々世草」4180円

©植彌加藤造園

▲国の名勝に指定されている
▶母屋のカフェで休憩しよう

むりんあん 無鄰菴

別世界へ誘われる近代日本庭園

明治・大正の元勲・山縣有朋の別荘として明治29年（1896）に完成。山縣自身が構想した野趣あふれる庭園は、七代目小川治兵衛が作庭を担当。琵琶湖疏水を引き込み、東山を主山とした雄大な景色を楽しみたい。 ☎075-771-3909 住左京区南禅寺草川町31 ¥600円※季節により変動あり ⏰9～18時（季節により変動あり） 休無休 交地下鉄蹴上駅から徒歩7分 MAP付録P16B3

徒歩2分

▲玄関のファサード「ガラス・リボン」が特徴的

きょうとしきょうせらびじゅつかん 京都市京セラ美術館

新旧の魅力がつまったアート拠点

昭和8年（1933）に創建された京都市美術館がリニューアル。現代アートの展示室「東山キューブ」や新設のエントランスの登場など、美しい建築も話題。 ☎075-771-4334 住左京区岡崎円勝寺町124 ⏰10～18時（最終入場17時30分） 休月曜（祝日の場合は開館） 交市バス停岡崎公園 美術館・平安神宮前からすぐ P21台（有料） MAP付録P16A3

▲コレクションルームのほか、バラエティ豊かに展開される企画展にも注目

ココもおすすめ！

おかきた おかきた

創業80年以上の京風うどん

うどん・そばと丼の人気店。4種の削り節を使用した京風だしがきいた上品な味わいが好評。 ☎075-771-4831 住左京区岡崎南御所町34 ⏰11～17時LO 休火・水曜 交市バス停岡崎公園 動物園前から徒歩2分 Pなし MAP付録P16B3

▼天然エビを使用した天とじ丼1750円

平安神宮では、春になると限定の桜（はな）みくじが登場。桜色のおみくじを木に結ぶと、桜の花が咲いているよう。

ココにも行きたい

銀閣寺・哲学の道のおすすめスポット

真如堂（しんにょどう）

女性を救う阿弥陀如来がご本尊

永観2年（984）、比叡山の慈覚大師作の阿弥陀如来を祀ったのが起こり。その阿弥陀如来は「うなずきの弥陀」としての信仰が厚い。DATA☎075-771-0915 住左京区浄土寺真如町82 ¥本堂・庭園500円（境内無料）、3月の涅槃図公開時は1000円（はなくそあられ付き）Ⓛ9～16時（受付は～15時45分）休不定休 交市バス停錦林車庫前、真如堂前から徒歩8分 MAP付録P16B2

金戒光明寺（こんかいこうみょうじ）

新選組誕生に関わる歴史舞台

「くろ谷さん」で知られる浄土宗の寺院。元祖・法然上人が草庵を結んだ地。幕末には京都守護職会津藩の本陣が置かれ、新選組発祥地となった。会津藩士の墓所があり、2013年のNHK大河ドラマ「八重の桜」のヒロイン、新島八重ゆかりの地でもある。DATA☎075-771-2204 住左京区黒谷町121 ¥無料 Ⓛ9～16時 休無休 交市バス停岡崎道から徒歩10分 MAP付録P16B2

詩仙堂（しせんどう）

漢詩に秀でた文人ゆかりの寺院

江戸時代の文人・石川丈山が隠居所とした曹洞宗の寺。狩野探幽の画に、丈山が詩を手掛けた中国詩家の肖像画『三十六詩仙像』がある。唐様庭園には丈山の考案と伝わる鹿威しの音が響く。DATA☎075-781-2954 住左京区一乗寺門口町27 ¥700円 Ⓛ9～17時（受付は～16時45分）休無休（5月23日の丈山忌は拝観不可）交京都駅から市バス5系統で48分の一乗寺下り松町下車、徒歩7分 MAP付録P2D2

永観堂（禅林寺）（えいかんどう（ぜんりんじ））

美しいご本尊と紅葉にうっとり

『古今和歌集』の中で「奥山の岩がきもみぢ散りぬべし てる日のひかり見るときなくて」と詠まれたほど、古くから紅葉の名所として名高い。この歌を詠んだ藤原関雄の死後、仁寿3年（853）に弘法大師の高弟・真紹が閑居を譲り受け、真言宗の道場としたのが寺の始まりとされる。鎌倉時代初期より浄土宗の流れを汲み、のちに浄土宗西山禅林寺派の総本山となった。本尊の阿弥陀如来像は、顔を左後ろへ向ける独特の姿から「みかえり阿弥陀様」とよばれ、この姿は高僧・永観を振り返ったという阿弥陀像の伝説に由来。平安末期～鎌倉初期の作で、洛陽六阿弥陀の一つに数えられる。高台に立つ多宝塔からは境内や京都の街を一望でき、紅葉はもちろん、新緑の季節も美しい。DATA☎075-761-0007 住左京区永観堂町48 ¥600円（秋の寺宝展は1000円）Ⓛ9～16時 休無休 交京都駅から市バス5系統で34分の南禅寺・永観堂道下車、徒歩3分 MAP付録P16C3

秋にはおよそ3000本の紅葉で赤く染まる

金地院（こんちいん）

雄大で気品漂う方丈庭園は必見

慶長10年（1605）、徳川家康が重用した禅僧・以心崇伝（いしんすうでん）が再建した南禅寺塔頭。家光の時代に桃山城から移築した方丈には狩野探幽の襖絵で飾られ、前方に小堀遠州作の枯山水庭園「鶴亀の庭」が広がる。DATA☎075-771-3511 住左京区南禅寺福地町86-12 ¥500円 Ⓛ8時30分～17時（12～2月は～16時30分）休無休 交地下鉄蹴上駅から徒歩5分 MAP付録P16B4

曼殊院（まんしゅいん）

四季折々の自然美に出合う

最澄が比叡山に創建したのが始まり。室町時代後期より皇室の一門が住職を務める門跡寺院となり、明暦2年（1656）に現在地に移され、小さな桂離宮ともいわれる。霧島ツツジや秋の紅葉がひときわ美しい。DATA☎075-781-5010 住左京区一乗寺竹ノ内町42 ¥600円 Ⓛ9～17時（受付は～16時30分）休無休 交京都駅から市バス5系統で49分の一乗寺清水町下車、徒歩20分 MAP付録P2D2

修学院離宮（しゅうがくいんりきゅう）

上皇が情熱を注いだ洛北の山荘

万治2年（1659）、後水尾上皇が徳川幕府の寄進を受けて比叡山の裾野に造営。数寄屋風の建物、池泉回遊式庭園など、建築と造園の名作が集う。上・中・下の離宮から構成されている。当時の山荘は今の下離宮、上離宮からなり、文政7年（1824）に改修。明治18年（1885）に後水尾上皇の皇女朱宮（あけのみや）の朱宮御所を前身とする林丘寺（りんきゅうじ）の寺地の約半分が宮内省に返還され、中離宮として編入された。約1時間20分の参観のハイライトは、上離宮の敷地に広がる浴龍池を中心とした大庭園。山々を借景としたパノラマを一望できる。参観は申込みが必要。DATA☎075-211-1215（宮内庁京都事務所参観係）住左京区修学院藪添 ¥Ⓛ休参観方法は宮内庁HPで要確認 交市バス停修学院離宮道から徒歩15分 MAP付録P2D2

舟遊びが催されたという浴龍池

しげもりみれいていえんびじゅつかん
重森三玲庭園美術館

重森流の作庭哲学を目の当たりに

昭和の作庭家・重森三玲が暮らした邸宅の一部を公開する美術館。三玲自らが手掛けた書院前の枯山水庭園は、ダイナミックな石組と白砂や苔の優美さが溶け合う。DATA☎075-761-8776 住左京区吉田上大路町34 ¥1000円(茶室入室見学開催時は要追加料金) 🕒14時(前日17時までに要予約、メール予約推奨) 休月曜 交京都駅から市バス206系統で31分の京大正門前下車、徒歩10分 MAP付録P16A2

ひゃくまんべん ちおんじ
百萬遍 知恩寺

大スケールの手づくり市が有名

元弘元年(1331)、都に流行り病が蔓延し、これを治めるため当時の住職であった空圓上人が百万回の念仏を唱えた。これにより疫病が収まったことから、後醍醐天皇が「百萬遍」の名を与えたという。毎月15日には、京都最大規模を誇る手づくり市が開催される。DATA☎075-781-9171 住左京区田中門前町103 ¥🕒境内自由 休無休 交地市バス停百万遍からすぐ Pあり MAP付録P16A1

はくさそんそう はしもとかんせつきねんかん
白沙村荘 橋本関雪記念館

京都画壇の巨匠に迫る美の空間

日本画家・橋本関雪の邸宅。広大な敷地内に、画室、茶室、庭園などがあり、随所に関雪の作品やゆかりの品を展示。建築や石造美術にもおよぶコレクションはみごたえ十分。DATA☎075-751-0446 住左京区浄土寺石橋町37 ¥1300円(特別展1500円) 🕒10～17時(最終受付～16時) 休無休 交市バス停銀閣寺前から徒歩2分 MAP付録P16C1

なだいおめんぎんかくじほんてん
名代おめん 銀閣寺本店

旬野菜たっぷりの多彩な薬味で

看板メニューのおめん1350円は、旬の野菜や甘辛く味付けしたきんぴらごぼうなどを薬味として濃いめのだしに入れ、つけ麺スタイルでいただくうどん。DATA☎075-771-8994 住左京区浄土寺石橋町74 🕒10時30分～18時(土・日曜、祝日は10時30分～16時、17時～20時30分) 休木曜 交市バス停銀閣寺道から徒歩6分 MAP付録P16C2

ぐりるこだから
グリル小宝

手間ひまかけた本格派の洋食づくし

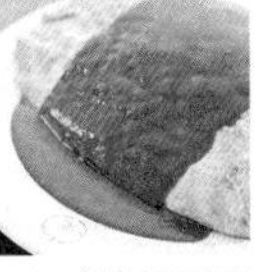

昭和36年(1961)創業の洋食店。50年間守り続ける本格派の味と、大満足のボリュームに定評があり、なかでも2週間煮込み続けたデミグラスソースを使う、オムライス(中)1150円(変動あり)は不動の人気。DATA☎075-771-5893 住左京区岡崎北御所町46 🕒11時30分～20時30分 休火・水曜 交市バス停岡崎公園 動物園前から徒歩5分 MAP付録P16B3

ぶるーぼとるこーひー きょうとかふぇ
ブルーボトルコーヒー 京都カフェ

町家で味わうこだわりコーヒー

カリフォルニア生まれのコーヒーショップで、築100年を超える京町家をリノベートした店内が魅力的。開放感あふれる空間で、ブレンドコーヒー594円～や、特製の焼菓子などが楽しめる。かわいいグッズも要チェック。☎非公開 住左京区南禅寺草川町64 🕒9～18時 休無休 交地下鉄蹴上駅から徒歩6分 Pなし MAP付録P16B4

ごすぺる
GOSPEL

洋館カフェで英国風ティータイム

ヴォーリズ建築事務所が手掛けた洋館を使用した、クラシカルなカフェ。イギリスアンティーク家具で統一された店内にはジャズが流れ、ゆったりとしたひと時が過ごせる。手作りスコーンと紅茶のセットは1550円。DATA☎075-751-9380 住左京区浄土寺上南田町36 🕒12～18時(要問合せ) 休火曜、ほか不定休あり 交市バス停銀閣寺前から徒歩3分 Pなし MAP付録P16C2

ろく
ロク

暮らしに溶け込む良品をセレクト

使い心地が良く、飽きのこないデザインを基準に店主がセレクトした生活用品と器のショップ。野田琺瑯(のだほうろう)や白雪ふきんなど定番のものから、大分の小鹿田焼、沖縄の読谷山焼北窯の器といったツウ好みのものまで揃う。DATA☎075-756-4436 住左京区聖護院山王町18メタボ岡崎101 🕒13時30分～18時 休水曜 交京都駅から市バス206系統で27分の熊野神社前下車、徒歩1分 MAP付録P16A3

column

アートな世界へ導く 京都を代表する個性派書店

いまや、ハイセンスな書店として知られる「恵文社 一乗寺店」。アートやカルチャーに関するブックセレクトが特徴。DATA☎075-711-5919 住左京区一乗寺払殿町10 🕒11～19時 休無休 交京都駅からJR奈良線で2分の東福寺駅乗り換え、京阪本線で16分の出町柳駅乗り換え、叡山電鉄で5分の一乗寺駅から徒歩3分 MAP付録P8F3

白川通から詩仙堂へ向かう途中にある「一乗寺下り松」(MAP/折込裏H2)は、剣豪・宮本武蔵が吉岡一門との決闘を制した地。

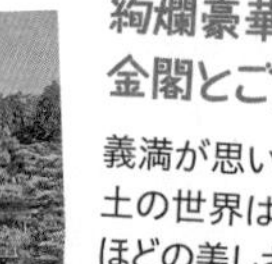

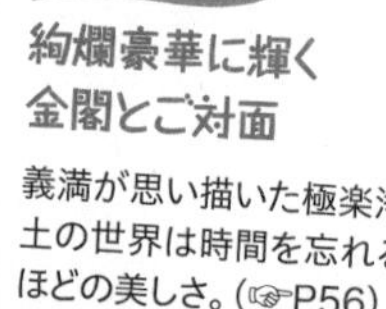

これしよう！

絢爛豪華に輝く金閣とご対面

義満が思い描いた極楽浄土の世界は時間を忘れるほどの美しさ。(☞P56)

これしよう！

龍安寺の石庭で禅の心に向き合う

時代も、作者も、作られた意図も謎のミステリアスな石庭。(☞P58)

これしよう！

花街・上七軒をはんなりおさんぽ

京都最古、秀吉ゆかりの花街は和雑貨や和甘味も充実。(☞P60)

平野神社の桜鈴守(☞P55)

世界遺産や名所旧跡が連なる

金閣寺周辺

きんかくじしゅうへん

こんなところ

北山文化を代表する金閣寺をはじめ、龍安寺、仁和寺など、世界遺産に登録された名刹が集中しているエリアで、いつも多くの観光客で賑わっている。学問の神様・菅原道真公を祭る北野天満宮も訪れたい。周辺の花街・上七軒は情緒あふれる街並みが続く。

access

●京都駅から

【バス＆電車】

- 市バス205系統で42分のわら天神前、44分の金閣寺道下車
- 市バス26系統で42分の妙心寺北門前、44分の嵐電妙心寺駅前、46分の御室仁和寺下車
- 市バス50系統で33分の北野天満宮前、42分の立命館大学前下車
- 地下鉄烏丸線で13分の北大路駅乗り換え、市バス北1系統で18分の鷹峯源光庵前下車

広域MAP 付録P3C2

～金閣寺周辺 はやわかりMAP～

1 金閣寺（鹿苑寺）（☞P56）
2 わら天神宮（敷地神社）（☞P62）
3 笹屋守栄（☞P63）
4 北野天満宮（☞P60）
5 とようけ茶屋（☞P61）
6 まつひろ商店 上七軒店（☞P61）
安民池
鏡湖池
金閣寺
金閣寺道
金閣寺前
大徳寺へ
西大路通
わら天神前
京都府立堂本印象美術館
龍安寺へ
きぬかけの路
立命館大学国際平和ミュージアム
立命館大
平野通
平野神社
天神川
上七軒
今出川通
北野天満宮前
北野白梅町
金臺寺
等持院・立命館大学衣笠キャンパス前
龍安寺駅へ
嵐電北野線
円町へ
西雲寺
宥清寺
上善寺
今出川駅へ
千本今出川
上品蓮台寺
千本北大路へ
釘抜地蔵（石像寺）
本久寺
千本釈迦堂
0 200m

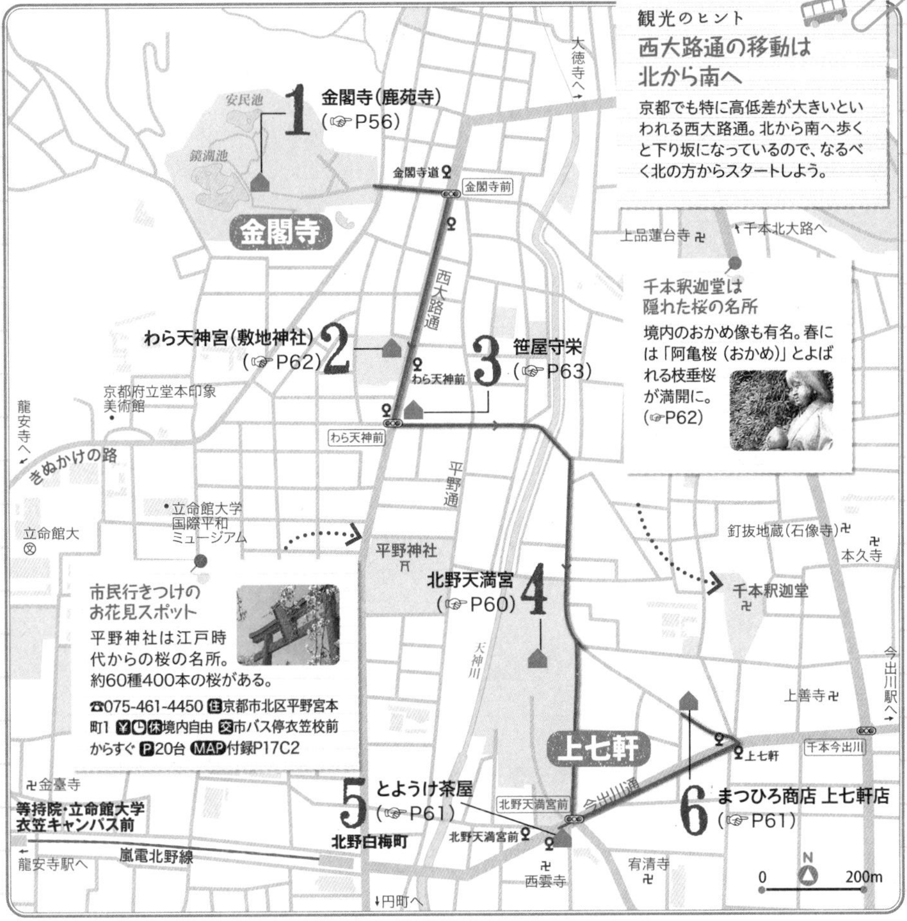

観光のヒント

西大路通の移動は北から南へ

京都でも特に高低差が大きいといわれる西大路通。北から南へ歩くと下り坂になっているので、なるべく北の方からスタートしよう。

千本釈迦堂は隠れた桜の名所

境内のおかめ像も有名。春には「阿亀桜（おかめ）」とよばれる枝垂桜が満開に。（☞P62）

市民行きつけのお花見スポット

平野神社は江戸時代からの桜の名所。約60種400本の桜がある。

☎075-461-4450 住京都市北区平野宮本町1 ¥営休境内自由 交市バス停衣笠校前からすぐ P20台 MAP付録P17C2

おすすめコースは

5時間30分

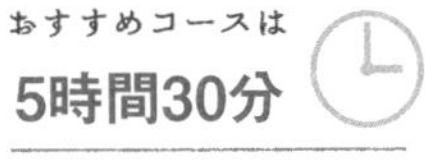

金閣寺から西大路通を経て東へ進み、北野天満宮の裏手あたりに入ると、昔ながらの家並みが続く住宅街に。歩いて5分ほどの上七軒には、京情緒あふれる町家が立ち並びます。

- スタート 市バス停 金閣寺前
- ▶ 徒歩3分
- 1 寺院 金閣寺（鹿苑寺）
- ▶ 徒歩10分
- 2 神社 わら天神宮（敷地神社）
- ▶ 徒歩すぐ
- 3 買い物 笹屋守栄
- ▶ 徒歩10分
- 4 神社 北野天満宮
- ▶ 徒歩2分
- 5 和食 とようけ茶屋
- ▶ 徒歩7分
- 6 買い物 まつひろ商店 上七軒店
- ▶ 徒歩3分
- ゴール 市バス停 上七軒

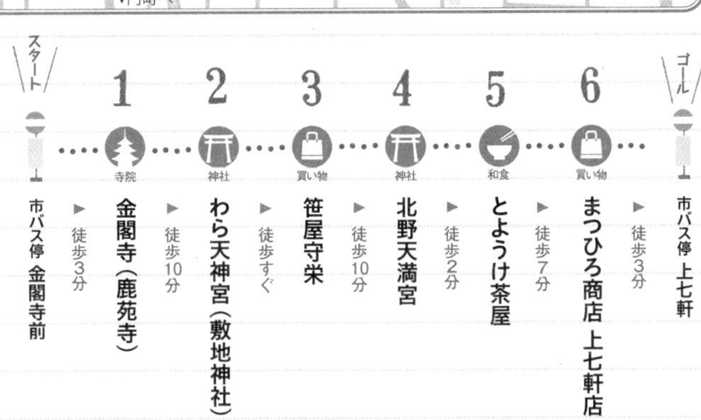

趣向を凝らした建築と庭園 黄金色に輝く極楽浄土 金閣寺

衣笠山の麓に立つ金閣寺、正式名称は足利義満の法名に因んだ北山鹿苑寺といいます。鏡湖池にその姿を映して燦然と輝く金閣は、見惚れるほどの美しさです。

きんかくじ（ろくおんじ）

金閣寺（鹿苑寺）

世界遺産

義満が描いた輝く夢の世界

応永4年（1397）、38歳にして出家した室町幕府3代将軍・足利義満が、極楽浄土をイメージして造営した北山殿を起源とする寺院。義満の死後、夢窓疎石（むそうそせき）を開山として禅寺となる。境内は、公家と武家の文化を融合させた豪奢な北山文化の象徴とされる。

☎075-461-0013 住北区金閣寺町1 ¥500円 ⏲9〜17時 休無休 交市バス停金閣寺道から徒歩3分 P250台 MAP付録P17B1

おすすめルート

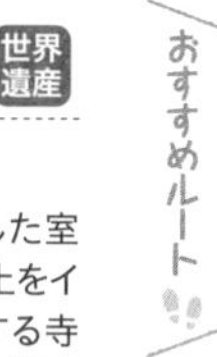
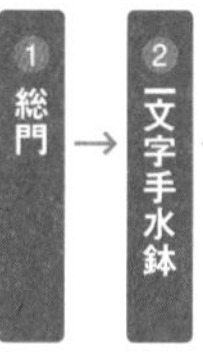

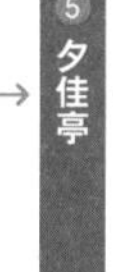

1 総門 → 2 一文字手水鉢 → 3 舎利殿（金閣） → 4 陸舟の松 → 5 夕佳亭 → 6 不動堂

ぐるっと回って50分

楼閣の三層に三つの文化が集結

ほうおう

鳳凰

金ピカの鳳凰は永遠の命と権力の象徴で、京の平和を願って掲げられたという。現在のものは三代目

ぶつでんづくり

仏殿造 3層

花頭窓の曲線が美しい中国風仏殿造の究竟頂（くっきょうちょう）には舎利が納められている

ぶけづくり

武家造 2層

鎌倉武士が好んだ武家造の潮音堂（ちょうおんどう）は、現代の和風住宅にも通じている

しゃりでん（きんかく）

舎利殿（金閣）

昭和25年（1950）に焼失した舎利殿・金閣は、その5年後に4kg、32年後には20kg（総工費7億円）の金箔を使って補修された③

しんでんづくり

寝殿造 1層

平安貴族の邸宅様式を取り入れた法水院（ほっすいいん）。池に迫り出す釣殿が風雅な印象

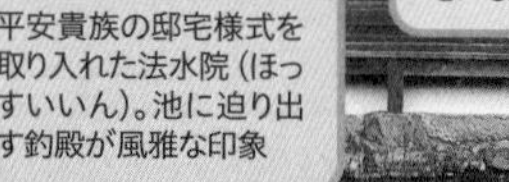

※掲載の写真は鹿苑寺 蔵

鯉が龍に変身する登竜門にちなんだ滝の見学も！

高さ約3mの「龍門滝（りゅうもんのたき）」に置かれた鯉魚石（りぎょせき）は、鯉が滝を登って龍に変身する＝出世するという中国の故事にあやかったものです。
MAP境内図P57-⑦

＼遠くから見てもゴージャス！／

金閣が映り込む鏡湖池には、各地の諸大名が競って義満に寄贈した奇石が点在している

◀茶室には珍しい南天の木の床柱が▼写真の左、三角の棚が萩の違い棚

夕佳亭
せっかてい

小高い山の上に立つ数寄屋造の茶室・夕佳亭は、夕日に映える金閣の眺めが佳いことからその名が付いた。萩の違い棚、「難を転じる」にかけた南天の床柱に注目 ⑤

総門…樹木が茂る参道を歩いて総門をくぐり境内へ ①
一文字手水鉢…宝船にも見えることから、舟形石とも呼ばれ、縁起が良いといわれる ②

不動堂
ふどうどう

豊臣秀吉の重臣・宇喜多秀家が再建した、金閣寺境内で一番古い建築物。本尊の石造不動明王は鎌倉時代の作 ⑥

陸舟の松
りくしゅうのまつ

義満が大事に育てていた盆栽を義満の死後庭園に植え替えたと伝わる古木。京都三松の一つ ④

＼お札がチケット／

拝観券は「金閣舎利殿御守護」と書かれたお札

三島由紀夫著『金閣寺』（☞P153）を読んでから訪れると、また違った視点から「お寺の美」を感じられます。

世界遺産ロード きぬかけの路をたどる

宇多天皇が絹をかけて雪に見たてたという話が残る、衣笠山の山裾を走る路。世界遺産の金閣寺、龍安寺、仁和寺が連なるこの道をのんびりたどりましょう。

京都屈指の名所をつなぐ観光道路

きぬかけの路（みち）

衣笠山の麓をカーブを描きながら走る全長約2.5kmの路。金閣寺前から龍安寺、妙心寺、等持院などを通って仁和寺前まで続く。
MAP付録 P17B2

1 堂本印象美術館（どうもといんしょうびじゅつかん）

常設の展示はなく、展覧会ごとに全て入れ替わる

近代日本画の巨匠の独自の世界観を堪能

大正から昭和にかけて京都で活躍した画家・堂本印象の美術館。印象の多様な所蔵品のほか、近現代日本画を紹介する展覧会を開催している。

☎075-463-0007 住北区平野上柳町26-3 交市バス停立命館大学前からすぐ ¥入館510円 ⏰9時30分～17時 休月曜（祝日の場合は翌日） Pなし MAP付録P17B2

外観や内観の個性的なデザインは、晩年の堂本印象自身が手掛けたもの

鷹峯へ　金閣寺道　きぬかけの路　立命館大学前　N
金閣寺道　金閣寺（鹿苑寺）　1 立命館大学前

2 等持院（とうじいん）

静かな時間が流れる隠れスポット

▼方丈と芙蓉池が風情を感じさせる池泉回遊式庭園

暦応4年（1341）、足利尊氏が夢窓国師を開山として創建し、のちに足利将軍家の菩提寺となる。衣笠山を借景とした庭園が散策でき、書院ではお抹茶もいただける。

☎075-461-5786 住北区等持院北町63 ¥600円 ⏰9時～16時30分（受付は16時まで） 休無休 交嵐電等持院・立命館大学衣笠キャンパス前駅から徒歩6分 P10台 MAP付録P17B2

▼北側にある茶室清漣亭（せいれんてい）

3 龍安寺（りょうあんじ） 世界遺産

禅の境地を表す神秘のロックガーデン

宝徳2年（1450）、細川勝元が義天玄承を開山として創建。敷き詰められた白砂の中に大小15の石が配された方丈の前庭は、禅の教えを表現した名庭として世界に知られている。

☎075-463-2216 住右京区龍安寺御陵下町13 ¥600円 ⏰8～17時（12～2月は8時30分～16時30分） 休無休 交市バス停竜安寺前から徒歩すぐ P80台 MAP付録P17A2

1 方丈の至る所で見られる意匠にも注目 2 庫裏は本来、寺の台所にあたる建物であるが、現在では拝観者の入口となっている 3 15個の石が配されていることから「七・五・三の庭」または「虎の子渡しの庭」との別名もある 4 方丈の西側に広がる、しっとりとした風情の苔むした庭。みずみずしい緑がまぶしい 5 「吾唯足知（われただたるをしる）」という釈迦の言葉を図案化したつくばい。展示は複製

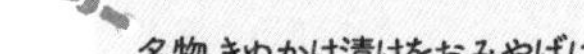

名物 きぬかけ漬けをおみやげに

龍安寺門前の「京つけもの 富川」。自家農園で栽培した野菜を使った漬物や、きぬかけの路にちなんだ大根のきぬかけ漬650円が名物。☎075-466-6675 MAP付録P17A2

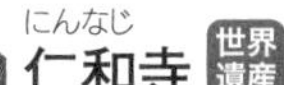

5 仁和寺（にんなじ） 世界遺産

御室桜で名高い典雅な門跡寺院

宇多天皇が光孝天皇の遺志を継ぎ創建。現在は真言宗御室派の総本山。かつて皇族が代々住職を務めた門跡寺院で、国宝の金堂や国の重要文化財の五重塔、二王門などが並び立つ。

☎075-461-1155 住右京区御室大内33 ¥無料（桜開花期間中は500円、御所庭園800円、霊宝館500円） 🕘9～17時（12～2月は～16時30分）※受付は30分前まで 休無休 交市バス停御室仁和寺からすぐ P100台 MAP付録P17A2

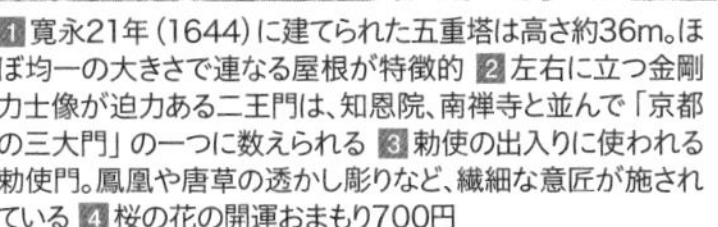

1 寛永21年（1644）に建てられた五重塔は高さ約36m。ほぼ均一の大きさで連なる屋根が特徴的 2 左右に立つ金剛力士像が迫力ある二王門は、知恩院、南禅寺と並んで「京都の三大門」の一つに数えられる 3 勅使の出入りに使われる勅使門。鳳凰や唐草の透かし彫りなど、繊細な意匠が施されている 4 桜の花の開運おまもり700円

宇多野へ

竜安寺前　御室　御室仁和寺

竜安寺前　3　4　御室　5　御室仁和寺

4 西源院（せいげんいん）

趣ある名刹の境内で湯豆腐料理を

龍安寺の鏡容池のほとりにある塔頭・西源院では、七草湯豆腐や精進料理がいただける。

☎075-462-4742 住右京区龍安寺御陵下町13 龍安寺境内 🕘11～15時LO 休水・木曜（祝日の場合は営業） 交市バス・JRバス停竜安寺前から徒歩3分 P80台（龍安寺駐車場） MAP付録P17A2

1 季節の野菜が入った七草湯豆腐1800円。朱然に盛られた精進料理とのセットは3800円 2 店内からは庭が望める 3 きぬかけの路からの趣ある参道

絹かけ伝説をもつ宇多天皇は、平安時代初期の第59代天皇です。仁和寺で出家し、初の法皇となったことでも知られます。

天神さんから花街上七軒へ 由緒ある街並みをおさんぽ

京都五花街の中で最も古い歴史をもつ花街・上七軒。
町家が続く街並みを歩いて、古都の風情を満喫しましょう。

歩いて回って 約2時間

1 町家が立ち並ぶ静かな街並みには古都の風情が残る 2 あんこ2個ときなこ1個のセット紅梅500円 3 趣ある古木の看板と白い提燈が目印 4 今出川通沿いに立つ大きな石鳥居 5 境内各所にある撫牛の像を撫でるとご利益が 6 毎年大勢の受験生が合格祈願に訪れる 7 絵馬600円に学業成就や武芸上達の願いを込めて 8 日・月・星の彫刻が施される三光門は国指定重要文化財

スタート！

あわもちどころ・さわや
粟餅所・澤屋

老舗の名物品 ふんわり餅菓子

天和2年（1682）創業時から13代、北野天満宮の門前茶屋として親しまれる老舗店。注文が入ってから作られる北野名物の粟餅は、できたてでしか味わえないやわらかさ。

☎075-461-4517 住上京区北野天満宮前西入南側 ⌚9～17時（売切れ次第閉店）休水・木曜、毎月26日 交市バス停北野天満宮前からすぐ Pなし MAP付録P17C2 ●写真：2 3

徒歩3分

きたのてんまんぐう
北野天満宮

天神信仰発祥の地、全国天満宮・天神社の総本社

御祭神は学問の神様・菅原道真公。国宝の御本殿は慶長12年（1607）に豊臣秀頼公が造営したもの。早春には境内を梅の花が彩る。

☎075-461-0005 住上京区馬喰町 ¥無料 ⌚7～17時 休無休 交市バス停北野天満宮前からすぐ P300台（毎月25日は縁日のため駐車不可）MAP付録P17C2 ●写真：4 5 6 7 8

徒歩3分

おいまつ きたのてん
老松 北野店

繊細さあふれる四季折々の和菓子

店先に並ぶ干菓子の型に歴史を感じる、北野天満宮御用達の和菓子店。丁寧に作られる和菓子はおみやげにも、お祝い事にも彩りを添える逸品。

☎075-463-3050 住上京区社家長屋町675-2 ⌚9～17時 休不定休 交市バス停上七軒から徒歩7分 Pなし MAP付録P17C2 ●写真：9 10 11

徒歩すぐ

9 実際に使われてきた干菓子の型にも歴史を感じる 10 貫禄ある老舗のたたずまいが花街に溶け込む 11 四季折々の生菓子が並ぶ 12 離れとの間には、つくばいが配された風流な坪庭がある 12 何時間でも迷ってしまいそうなほど種類が豊富 13 小銭入れに便利な丸型がま口1078円などが人気 14 ミョウガとミツバの上品な風味が大人気の生ゆば丼1056円 15 フォルムがかわいい出汁巻きサンドと、あんバターサンド各363円 16 倉庫をリノベーションした明るい店内

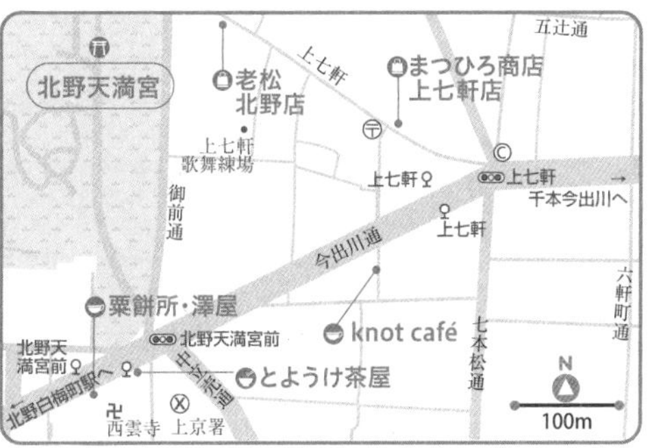

ゴール！

まつひろ商店 上七軒店
まつひろしょうてん かみしちけんてん

おみやげに喜ばれる色とりどりのがま口

財布、ポーチ、印鑑入れなどさまざまなアイテムが色柄種類豊富に揃う、がま口の専門店。すべての商品が職人により丁寧に手作りされている。

☎075-467-1927 住上京区今出川通七本松西入ル真盛町716 🕒11～17時(土・日曜、祝日は～18時) 休水曜（祝日、25日の場合は翌日）交市バス停上七軒から徒歩2分 Pなし MAP付録P17C2 ●写真：12 13

徒歩2分

とようけ茶屋
とようけちゃや

豆腐屋さんのヘルシーな創作丼

北野天満宮の向かいにある老舗豆腐店。湯豆腐や寄席豆腐などの豆腐料理をはじめ、生湯葉や生麩を使ったヘルシーな料理や甘味が揃う。

☎075-462-3662 住上京区今出川通御前西入ル 🕒11～14時 休木曜（25日の場合は営業）、月2回不定休 交市バス停北野天満宮前からすぐ Pなし MAP付録P17C2 ●写真：14

徒歩4分

knot café
のっと かふぇ

まんまるかわいいサンドイッチ

「NYと京都を結ぶ」がコンセプト。和菓子の老舗とのコラボから生まれた、スイーツとコーヒーの意外な出会いが楽しめる。まるいパンを使ったサンドも大人気。

DATA☎075-496-5123 住上京区今小路通七本松西入東今小路町758-1 🕒10～18時 休火曜(25日の場合は営業) 交市バス停上七軒からすぐ Pなし MAP付録17C2 ●写真：15 16

毎月25日に北野天満宮で行われる骨董市「天神市（通称天神さん）」。掘り出し物に出会いたいなら、朝早めに出かけるのがおすすめです。

ココにも行きたい

金閣寺周辺のおすすめスポット

いまみやじんじゃ

今宮神社

京の三奇祭で知られる神社

平安京で流行った疫病を鎮める御霊会を営んだことに創まる神社。健康の神として信仰を集め、毎年4月の第2日曜には京の三奇祭の一つ、やすらい祭が行われる。なでて軽くなると願いがかなう神占石も。DATA ☎075-491-0082 住北区紫野今宮町21 ¥無料 ⏰境内自由（社務所は9～17時）休無休 交京都駅から市バス206系統で船岡山下車、徒歩7分 P44台 MAP付録P9A2

みょうしんじ

妙心寺

46の塔頭をもつ日本最大の禅林

広大な敷地に46の塔頭が点在する臨済宗妙心寺派の大本山。法堂には狩野探幽が描いた「雲龍図」や、日本最古の梵鐘「黄鐘調」があるほか、国宝「瓢鮎図」で名高い退蔵院、茶室で有名な桂春院など見どころ豊富。DATA ☎075-461-5226 住右京区花園妙心寺町1 ¥無料（法堂・梵鐘は500円、退蔵院・桂春院は別料金）⏰境内自由（法堂・梵鐘は9～12時、13時～15時30分受付）休無休 交市バス停妙心寺北門前からすぐ P80台 MAP付録P17A3

狩野探幽が8年かけて描いた雲龍図

広い境内にはいずれも重要文化財の法堂、仏殿、三門がずらりと並ぶ

ほうこんごういん

法金剛院

平安期の遺構を復元した庭園

平安時代の右大臣・清原夏野の山荘を、没後、寺院に改めたことが始まり。世界中の蓮が集められており、蓮の寺ともよばれる。発掘調査に基づいて整備された青女（せいじょ）の滝は、国の特別名勝に指定されている。拝観は毎月15日のみ。DATA ☎075-461-9428 住右京区花園扇野町49 ¥500円 ⏰9～16時 休HP要確認 交JR花園駅から徒歩5分 P15台 MAP付録P17A3

だいせんいん

大仙院

室町時代を代表する枯山水庭園

国の特別名勝であり、禅院式枯山水庭園の最高傑作とも称される名庭をもつ。約30坪という限られた空間のなかに、深山幽谷の蓬莱山と、そこから流れ落ちる滝の風景を表現した意匠は見事。DATA ☎075-491-8346 住北区紫野大徳寺町54-1 ¥500円 ⏰9～17時（12～2月は～16時30分）休無休 交市バス停大徳寺前からすぐ P25台（大徳寺有料駐車場利用）MAP付録P9A3

せんぼんしゃかどう

千本釈迦堂

語り継がれる良妻おかめの物語

鎌倉時代初期に創建された真言宗の寺院で、京都市内最古の本堂は当時のまま。本堂造営の際に棟梁だった夫をかばって自刃した妻おかめの悲話が伝わるほか毎年12月に行われる大根焚きは京都の冬の風物詩。DATA ☎075-461-5973 住上京区七本松通今出川上ル溝前町 ¥無料（霊宝殿と本堂は600円）⏰9～17時 休無休 交市バス停上七軒から徒歩3分 P20台 MAP付録P17C2

だいとくじ

大徳寺

茶人とのゆかり深い名庭の寺

正和4年（1315）に開かれた、臨済宗大徳寺派の大本山。応仁の乱で荒廃したものの、一休さんとしておなじみの一休宗純を中心に戦国大名や貴族などから庇護を受けて復興し、室町後期の文化の象徴的な存在となる。桃山時代には豊臣秀吉が織田信長の葬儀を営んだ。詫び茶の祖・村田珠光をはじめ、千利休や小堀遠州といった名茶人とゆかりが深く、千利休が修造した山門・金毛閣が有名。境内には20の塔頭があり、それぞれ見事な庭園と茶室をもつ。常時拝観できるのは、国の特別名勝の庭園をもつ大仙院、日本最小の石庭をもつ龍源院、キリシタン大名・大友宗麟の菩提寺である瑞峰院の3院。DATA ☎非公開 住北区紫野大徳寺町53 ¥無料 ⏰9～16時（公開塔頭による）休無休 交市バス停大徳寺前からすぐ P50台（2時間500円、以後30分ごとに100円）MAP付録P9B3

2階建て朱塗りの金毛閣は重要文化財に指定

わらてんじんぐう（しきちじんじゃ）

わら天神宮（敷地神社）

妊産婦が参拝する安産祈願の神社

わらのお守りにちなみ、「わら天神」とよばれるようになった。御祭神は安産や子授の神・木花開耶姫命で、授与される安産のお守りの中のワラに節があれば男児、なければ女児が生まれるという言い伝えがある。DATA ☎075-461-7676 住北区衣笠天神森町 ¥無料 ⏰8時30分～17時 休無休 交市バス停わら天神前からすぐ P12台 MAP付録P17C2

おからはうす

体が喜ぶオーガニックカフェ

栄養価が高く安心な有機食材を使ったメニューが好評。日替わりランチは1500円～で、品数も豊富。噛めば噛むほど自然な甘みが滲み出る、古代黒米やはと麦などの五穀米ご飯は、最後にとろろをかけていただこう。DATA ☎075-462-3815 住右京区谷口円成寺町17-10 ⏰11時～15時30分LO 休日～火曜 交市バス停妙心寺駅前から徒歩3分 P1台 MAP付録P17A3

山猫軒

きぬかけの路にたたずむカフェ

蔦の絡んだ館を下り扉を開くと一面のステンドグラスから陽光が射し込む素敵な空間が広がる。焼き立てワッフルとハンドドリップ珈琲のセット1780円～や自家製ケーキのほか、季節のランチメニューも人気。DATA ☎075-462-6004 住北区等持院北町39-6 ⏰11～18時 休木曜（祝日の場合は営業） 交市バス停竜安寺前から徒歩5分 P7台 MAP付録P17B2

うめぞの茶房

町家で味わうおしゃれ和菓子

老舗甘味処「梅園」が手がける。町家を改装した店内はシンプルで落ち着いた雰囲気。餡を寒天やわらび粉でかため、果物やハーブを添えた「かざり羹」は、紅茶420円やレモン390円など種類も多彩。DATA ☎075-432-5088 住北区紫野東藤ノ森町11-1 ⏰11～18時LO 休不定休 交市バス停大徳寺前から徒歩5分 Pなし MAP付録P9B4

坂田焼菓子店

やさしくて素朴なおいしさ

ブルーの外観が印象的。全粒粉や三温糖をはじめ、自然素材を使用したクッキーやパイ、ケーキなどを販売。全粒粉を使用したベア226円など、一つ一つ大き目サイズなのもうれしい。DATA ☎075-461-3997 住上京区今出川通六軒町西入ル西上善寺町181-1-1-B ⏰9～15時 休月・火曜 交市バス停上七軒から徒歩3分 Pなし MAP付録P17C2

京都 おはりばこ

アンティーク着物を使った和雑貨

大徳寺の東門前に店を構える和雑貨店。店内にはアンティークの着物生地で作られたかわいい和雑貨がずらりと並ぶ。つまみ細工のミニミニクリップ1430円や押し絵のピルケース1540円、四季のピアス3960円～などはおみやげにも喜ばれそう。DATA ☎075-495-0119 住北区紫野下門前町25 ⏰10～17時 休水曜 交市バス停大徳寺前から徒歩3分 P提携あり MAP付録P9B3

笹屋守栄

赤ちゃんの柔肌のような餅菓子

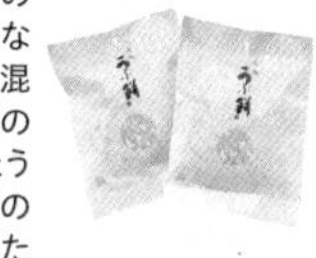

わら天神宮向かいの京菓子店。柔らかなお餅に自家製餡を混ぜ込み、挽きたてのきな粉をまぶしたうぶ餅は、安産祈願の菓子として作られたもの。初代と親交のあった堂本印象画伯による包装紙にもご注目。DATA ☎075-463-0338 住北区衣笠天神森町38 ⏰9時～17時30分 休水曜、第2・4火曜 交市バス停わら天神前から徒歩1分 Pあり MAP付録P17C2

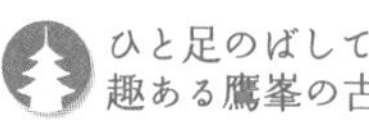

ひと足のばして 趣ある鷹峯の古刹へ

左大文字山の北にそびえる山々の麓に広がる鷹峯。本阿弥光悦に縁深い地で古寺巡礼を。

光悦寺

光悦が開いた芸術村の名残り

芸術家・光悦が築いた工芸集落が起源の寺。竹を斜めに組んだ光悦垣が有名。DATA ☎075-491-1399 住北区鷹峯光悦町29 ¥400円（紅葉時は500円）⏰8～17時（紅葉時は8時30分～）休11月10～13日 交市バス停鷹峯源光庵前から徒歩2分 P10台（駐車不可の日あり）MAP付録P3C2

常照寺

吉野太夫が贈った朱塗りの山門

光悦が日乾上人を招じて開創した寺で、山門は吉野太夫が寄進した。全国唯一の帯塚も。DATA ☎075-492-6775 住北区鷹峯北鷹峯町1 ¥400円（秋季500円）⏰8時30分～17時 休無休 交市バス停鷹峯源光庵前から徒歩2分 P15台 MAP付録P3C2

源光庵

円と角、ふたつの窓と向き合う

ふたつの窓の奥には四季折々の風景が広がる。DATA ☎075-492-1858 住北区鷹峯北鷹峯町47 ¥拝観400円（紅葉時期は500円）⏰9時～16時30分受付終了 休無休（法要で不可の場合あり）交市バス停鷹峯源光庵前からすぐ P15台（紅葉時期は駐車不可）MAP付録P3C2

大徳寺の通常非公開の塔頭は、春と秋に特別公開される場合があるので見逃さないよう要チェック！

これしよう！

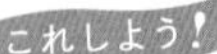

時代が動いた二条城で歴史散策

大政奉還の意思が表明された場所で日本の歴史を振り返ろう。（☞P66）

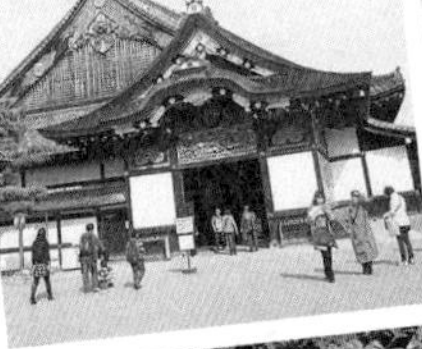

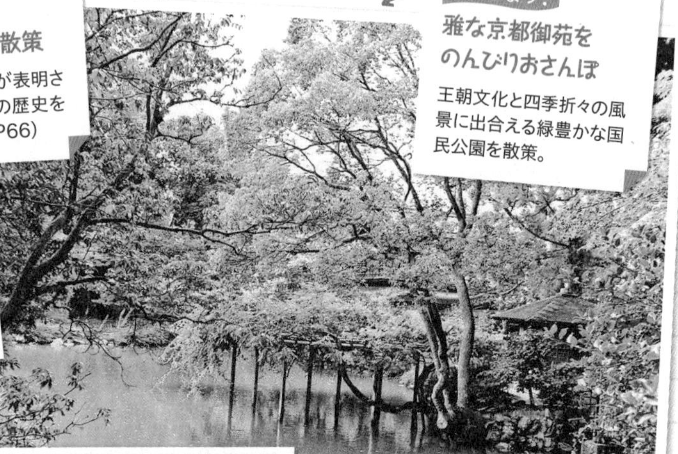

これしよう！

雅な京都御苑をのんびりおさんぽ

王朝文化と四季折々の風景に出合える緑豊かな国民公園を散策。

これしよう！

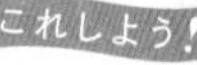

江戸・明治から続く老舗をめぐる

御所の東に位置する寺町通には有名な老舗がズラリ。（☞P70）

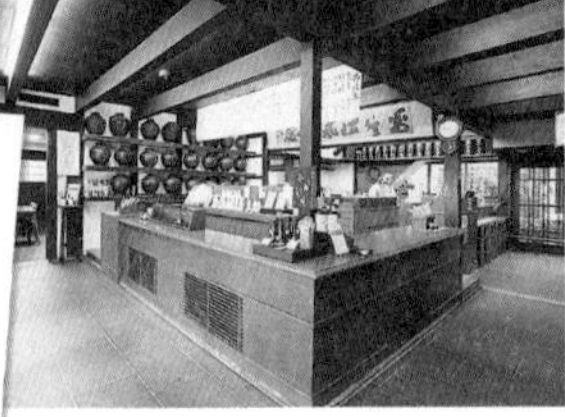

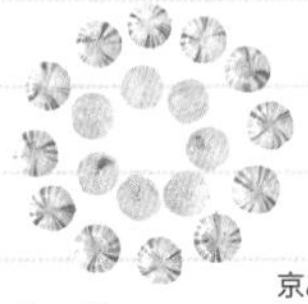

京あめ処 豊松堂のかわいい飴はお土産に最適（☞P71）

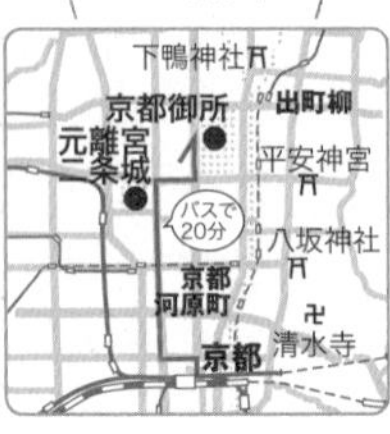

日本の歴史を彩るスポットが集合

二条城・御所

にじょうじょう・ごしょ

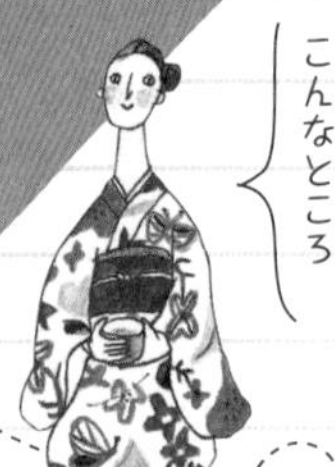

こんなところ

明治まで歴代の天皇が住まわれた京都御所、大政奉還の舞台となった二条城があり、古都の歴史を今に伝えるエリア。御所を囲む緑いっぱいの京都御苑は国民公園として開放され、市民憩いの場となっている。御所東の寺町通には由緒ある老舗が点在し、そぞろ歩きが楽しい。

二条城・御所はココにあります！

access

●京都駅から

【バス】

・市バス9系統で16分の二条城前、23分の一条戻橋・晴明神社前下車
・市バス4系統で29分の新葵橋、31分の下鴨神社前、34分の洛北高校前下車

【電車】

・地下鉄烏丸線で5分の烏丸御池駅乗り換え、東西線で2分の京都市役所前駅、二条城前駅下車
・地下鉄烏丸線で7分の丸太町駅下車

広域MAP 付録P3C2

~二条城・御所 はやわかりMAP~

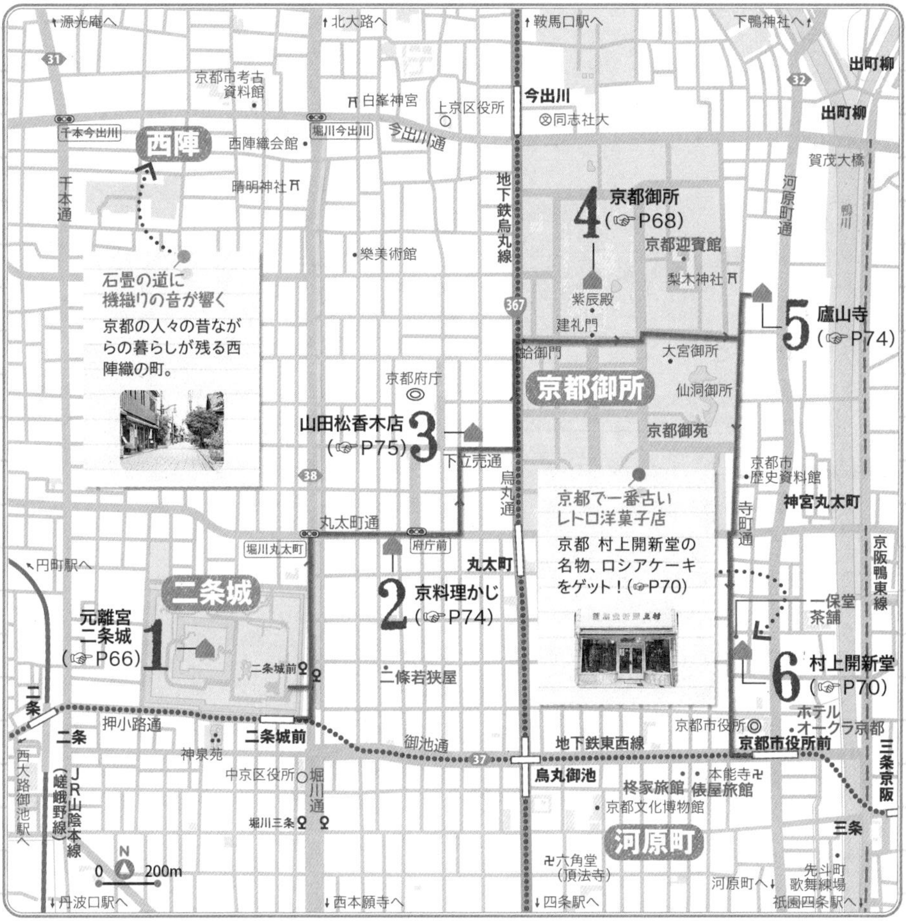

↑源光庵へ ↑北大路へ ↑鞍馬口駅へ 下鴨神社へ↑

京都市考古資料館
白峯神宮
上京区役所
今出川
同志社大
出町柳
千本今出川 堀川今出川 今出川通
西陣
西陣織会館
賀茂大橋
千本通
晴明神社
地下鉄烏丸線
河原町通
鴨川

4 京都御所（☞P68）
京都迎賓館
樂美術館
梨木神社
紫宸殿
建礼門

石畳の道に機織りの音が響く
京都の人々の昔ながらの暮らしが残る西陣織の町。

5 廬山寺（☞P74）
蛤御門
大宮御所
京都府庁
京都御所
仙洞御所
山田松香木店 **3**（☞P75）
京都御苑
下立売通
烏丸通
京都市歴史資料館
神宮丸太町

京都で一番古いレトロ洋菓子店
京都 村上開新堂の名物、ロシアケーキをゲット！（☞P70）

寺町通
丸太町通
堀川丸太町 府庁前
丸太町
京阪鴨東線
↖円町駅へ
二条城
2 京料理かじ（☞P74）
一保堂茶舗
元離宮二条城 **1**（☞P66）
二条城前
6 村上開新堂（☞P70）
二條若狭屋
ホテルオークラ京都
二条
押小路通
二条城前
京都市役所
二条
神泉苑
御池通
地下鉄東西線
京都市役所前
三条京阪
西大路御池駅へ
JR山陰本線（嵯峨野線）
中京区役所 堀川通
烏丸御池
柊家旅館
本能寺
俵屋旅館
京都文化博物館
堀川三条
三条
河原町
六角堂（頂法寺）
0 200m
先斗町歌舞練場
↓丹波口駅へ ↓西本願寺へ ↓四条駅へ 河原町へ↓ 祇園四条駅へ↓

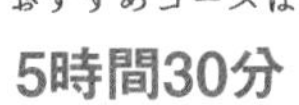

おすすめコースは
5時間30分

二条城から堀川通を北へ向かい、丸太町通に出たら東へ。禁門の変の舞台・蛤御門から京都御苑に入り、京都御所の見学を楽しんだら、老舗茶舗や菓子店が並ぶ寺町通をそぞろ歩いて駅へと向かおう。

二条城・御所

日本の歴史的大舞台、二条城で徳川家の威光を感じて

華麗な装飾に彩られた二条城は、徳川幕府の繁栄を象徴する建造物。築城400年以上の歴史をもち、寺社以外では京都唯一の世界遺産です。

二の丸御殿が大政奉還の舞台

慶応3年（1867）10月13日、徳川慶喜は諸藩の重臣を集め、政治の権限を朝廷に返上する意思を表明、翌14日に大政奉還の上表を朝廷に提出。15日に朝廷が許可し、徳川幕府の幕は降ろされた。

大広間（おおひろま）

将軍が諸大名と対面した、二の丸御殿の中で最も格式高い部屋。将軍の座る一の間中央は二重折上格天井になっており、身分の高さを示す

二の丸御殿（にのまるごてん）

各部屋は代表的な武家風書院造で整えられている。3600面以上の障壁画があり、そのうち1016面が国の重要文化財 ❸

遠　侍（とおざむらい）

来訪者の控えの間・二の丸御殿の中で一番広い棟。奥には朝廷からの使者を迎えた「勅使の間」がある

式台老中の間（しきだいろうじゅうのま）

老中が執務をした場所で、一の間、二の間、三の間の3部屋から成る

白書院（しろしょいん）

将軍の居間や寝所であった。内部装飾はほかと趣向が異なり、絵画は落ち着いた雰囲気の水墨山水画

てんしゅあと
天守跡

本丸の西南角にかつて伏見城から移築されたと考えられる五層六階の天守閣があった。落雷により消失し、現在は石垣のみ。登ると市内を望める ⑤

二条城見学記念にキーホルダーを

城内の「売店」では記念メダルを販売。メダル300円、打刻30円、キーホルダー部分200円で、名前入りキーホルダーをつくることもできる。

MAP 境内図P67-⑦

からもん
唐門

金色と極彩色でさまざまな彫刻や菊紋が施された威風堂々としたたたずまい。曲線を描く唐破風が美しい ②

せいりゅうえん
清流園

京都の豪商・角倉家の屋敷跡から建築部材、庭石、樹木を譲り受け作庭した和洋折衷庭園。園内の「和楽庵」「香雲亭」では毎年お茶会を開催(要問合せ) ⑥

もとりきゅう にじょうじょう
元離宮 二条城

世界遺産

豪華絢爛な数々の意匠

慶長8 (1603) 年、徳川家康が京都御所の守護と将軍上洛の際の宿泊所として築いたお城で、15代将軍慶喜が大政奉還の意思を表明した舞台となったことでも知られる。二の丸御殿内を飾る3600面以上の障壁画をはじめ、趣の異なる3つの庭園など見どころがたくさんあり、お散歩コースとしても人気。

☎075-841-0096 住中京区二条通堀川西入二条城町541 ¥1300円(二の丸御殿観覧料含む) 🕒8時45分～16時(17時閉門) 休12月29～31日 交市バス停二条城前からすぐ P有り MAP付録P7B3

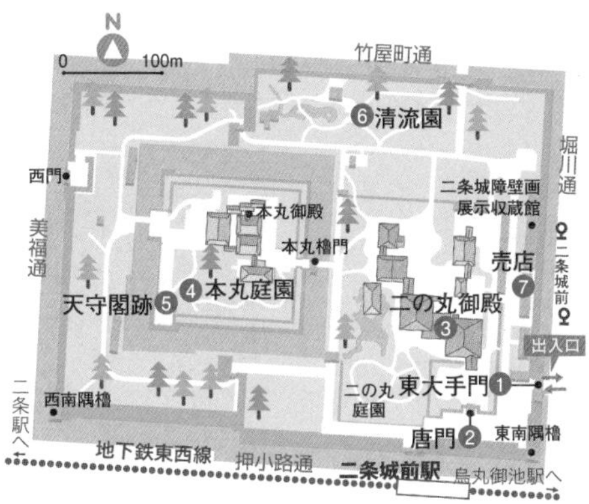

東大手門…本瓦葺きの入母屋造。棟には鯱の装飾がある ①
本丸庭園…明治天皇行幸をきっかけに、枯山水庭園から現在の姿に整えられた ④

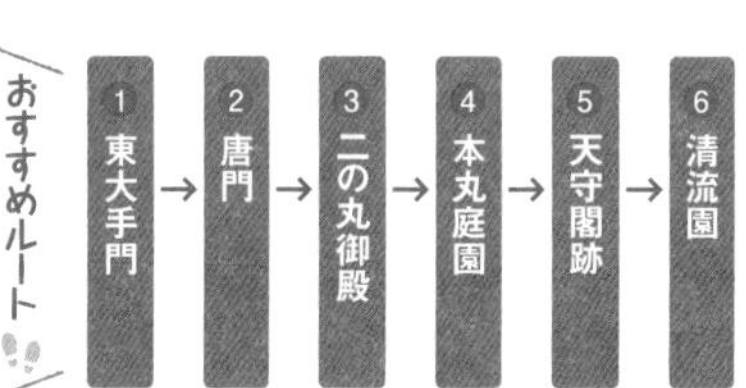

二条城は桜のライトアップが有名ですが、広い城内では椿や梅、ツツジなど一年を通して四季折々の花木が楽しめます。

通年公開の京都御所で雅やかな王朝文化にふれる

明治時代まで歴代天皇のお住まいだった京都御所は日本の歴史を体感できる場所。雅な宮廷文化の発信地であり、『枕草子』や『源氏物語』もここから誕生しました。

ししんでん
紫宸殿

安政2年（1885）に造営、総檜の高床式の寝殿造の要素を取り入れた。歴代天皇の即位礼・節会などに使われた

せいりょうでん
清涼殿 紫宸殿の北西に位置。もとは天皇の日常生活の場だったが、近世には儀式の場となった

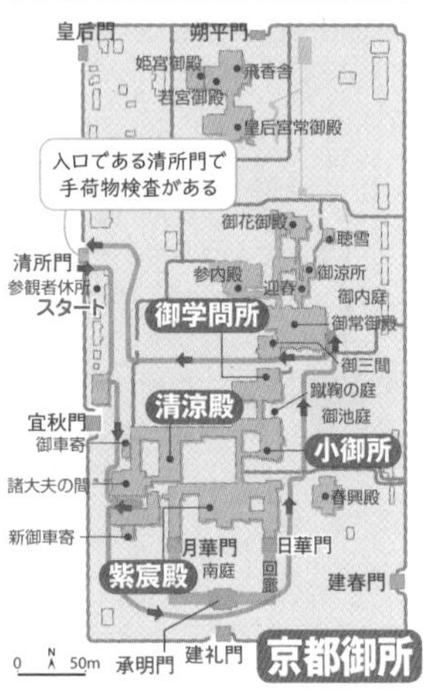

おがくもんじょ
御学問所
学芸関係や、天皇が臣下と対面される行事などに使用された

きょうとごしょ
京都御所

世界に誇る建築物を通年で公開

緑豊かな京都御苑の中心に立つ京都御所は、天皇が南北朝時代から東京へ移るまで過ごされた場所。最も高い格式を誇る紫宸殿をはじめ、生活の場だった清涼殿や諸大名の拝謁が行われた小御所(こごしょ)など、荘厳な建物を築地塀が囲む。事前申込み不要で、通年参観が可能。☎075-211-1215(宮内庁京都事務所参観係) 住上京区京都御苑 ¥⏱休参観方法は宮内庁HPで要確認 交地下鉄今出川駅から徒歩5分 P京都御苑駐車場利用 MAP付録P14A1

日本の伝統的技能の粋を集めた
最高のおもてなしの場・京都迎賓館

海外からの賓客を心を込めてお迎えする、伝統的技能を結集した国の迎賓施設。
美しい装飾や調度品に施された匠の技にも注目です。

ふじのま
藤の間
賓客をもてなす晩餐会や式典などを行う会場。正面は、鹿見喜陌氏の日本画をもとに制作した綴織りの壁面装飾

ツアールート(一例)

ぐるっと回って90分

1. 正面玄関
2. 聚楽の間
3. 夕映の間
4. 藤の間
5. 廊橋
6. 桐の間
7. 和舟

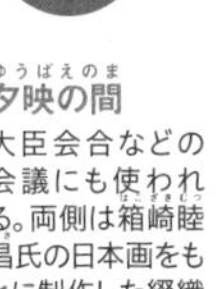

ゆうばえのま
夕映の間
大臣会合などの会議にも使われる。両側は箱崎睦昌氏の日本画をもとに制作した綴織りの壁面装飾③

ろうきょう
廊橋からの眺め
敷地中央の日本庭園で海外の賓客は「舟遊び」や「鯉の餌やり」などを行う⑤

きょうとげいひんかん
京都迎賓館

海外からの賓客を迎える接遇の場

海外からの賓客をもてなす役割を持つ。日本建築の伝統の粋と美が現代の技術と融合し、調度的品には西陣織や螺鈿、蒔絵など、伝統的技能が活用されている。参観はインターネットからの事前予約優先で、空きがあれば当日受付可。※国公賓等の接遇その他運営上の都合により一般公開が急遽中止になる場合あり ☎075-223-2301 住上京区京都御苑23 ¥ガイドツアー2000円 ⏲9時30分～17時(15時30分受付終了) 休水曜 交地下鉄今出川駅から徒歩15分 P京都御苑駐車場利用 MAP付録P14B1 ※参観方法や公開日時は事前に公式HPで要確認

御所のお膝元で 歴史を刻む老舗めぐり

老舗の専門店をめぐるなら、京都御所の南のエリアへ。
寺町通沿いとその周辺に、確かな品質のお店が揃っています。

いっぽどうちゃほ

一保堂茶舗

時を越えて愛される 京銘茶一筋の味わい

創業約300年。宇治川・木津川水系の風土で育ったお茶をブレンドし、いつでも変わらぬ味わい。新しいお茶の楽しみ方の提案や、幅広い商品展開も魅力。

☎075-211-4018 住中京区寺町通二条上ル 🕒10～17時、喫茶室10時～16時30分LO 休第2水曜 交地下鉄京都市役所前駅から徒歩5分 P3台 MAP付録P14C3

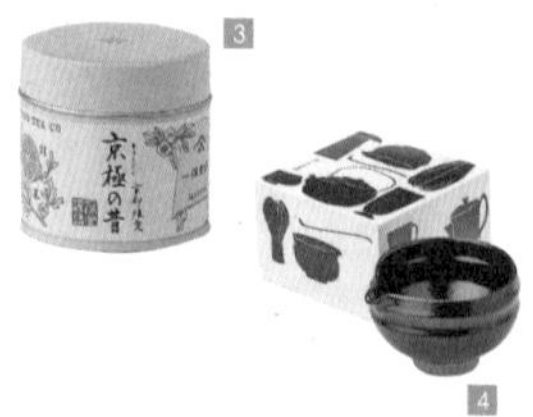

1 黒く光る茶壷など時代物の調度品、お茶のお品書きにも見入ってしまう 2 茶、一つを保つようにと「一保堂」の屋号を賜って約170年。風格ある建物に、左右対称に掛けられたのれんがインパクト大 3 京都限定抹茶「京極の昔」20g1404円はまろやかな旨みが特徴 4 抹茶を点て、そのまま小分けできる黒・片くち（抹茶Q's）1万6500円

きょうと むらかみかいしんどう

京都 村上開新堂

レトロで可愛らしい ロシアケーキが人気

明治40年（1907）に西洋菓子舗として創業。看板商品のロシアケーキは、ロシアの家庭菓子を日本人向けにアレンジしたクッキーのようなお菓子。バターの風味豊かな手作りの味を楽しんで。

☎075-231-1058 住中京区寺町二条上ル 🕒10～18時 休日曜、祝日、第3月曜 交地下鉄京都市役所前駅から徒歩4分 Pなし MAP付録P14C3

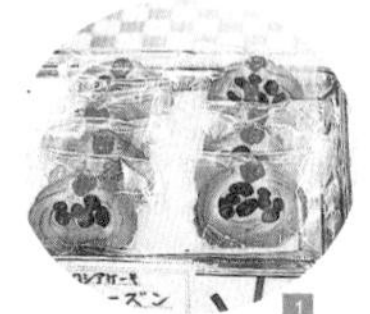

1 ロシアケーキはぶどうジャム、チョコなど5種類。1枚227円 2 昭和の初めに建てられた洋風建築。右から読む看板が当時を感じさせる

かざりやりょう

かざりや鐐

普段遣いしたい ハンドメイドの銀製品

寛政年間（1789～1801）から続く錺匠・竹影堂のアンテナショップ。身近に使える純銀細工を企画・販売している。猫、ウサギ、小花などモチーフも愛らしく親しみやすいものばかり。

☎075-231-3658 住中京区押小路通麩屋町西入ル 🕒10～18時（土・日曜、祝日は～17時） 休無休 交地下鉄京都市役所前駅から徒歩5分 Pなし MAP付録P14B4

築約130年の町家が工房兼ショップ。商品の種類が豊富

1 手切で透かしている、千鳥の透かし菓子切り1000円、鞘770円 2 お気に入りの本にはさみたい、猫しおり5500円

喫茶室 嘉木で
ホッとひと息
ついて

一保堂茶舗に併設する「喫茶室 嘉木」では、お茶のいれ方を教えてもらい、好きなお茶をいれるところから楽しむこともできる。玉露 甘露2200円（和菓子付）で贅沢な時間をぜひ。☎075-211-4018 MAP付録P14C3

せいかどう
清課堂

用と美を備えた錫器
これぞ一生物の逸品

天保9年（1838）、錫師として創業。現在も錫を中心に銀・銅など金属工芸品を扱う。どれも実用的かつ飽きのこないデザインで、使い込むほどに風合が増す手作りの逸品揃い。

☎075-231-3661 住中京区寺町通二条下ル ⏰10～18時 休月曜 交地下鉄京都市役所前駅から徒歩7分 Pなし MAP付録P14C4

1 落ち着いた雰囲気で趣のある店内 2 底が四角く、口が丸い錫 方円片口(2合)3万3440円 3 艶消しの肌合いがなめらかな錫 方円ぐい呑み1万5180円

まつや
松彌

職人技と感性が光る
美しき創作菓子の数々

創作生菓子で知られ、特に季節の風物をイメージしたものは、色彩の美しさに目を奪われる。白味噌とショウガの風味を生かした蒸し菓子・舟入は、通年の人気商品。

☎075-231-2743 住中京区新烏丸通二条上ル ⏰10～18時 休月曜、第3火曜 交地下鉄京都市役所前駅から徒歩5分 Pなし MAP付録P14C3

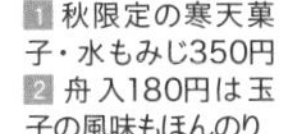

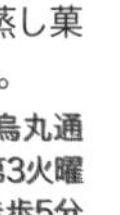

1 秋限定の寒天菓子・水もみじ350円 2 舟入180円は玉子の風味もほんのり

夏限定の寒天菓子 金魚350円は代表作！

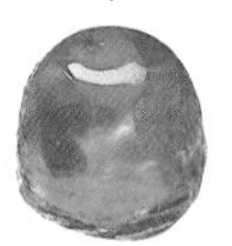

明治21年（1888）創業、宮家御用達も務めたという名店

店頭にずらっと並ぶ飴。おみやげにぴったり

きょうあめどころ ほうしょうどう
京あめ処 豊松堂

色とりどりに美しい
やさしい味の手作り飴

明治30年（1897）以来、銅鍋直火炊きの飴作り一筋。真珠やビー玉のような美しい飴、宇治抹茶など厳選素材の飴など種類も豊富。見た目のかわいさもほどよい甘さもうれしい。

☎075-231-2727 住中京区寺町通夷川上ル ⏰10～18時 休日曜、祝日、5～8月の土曜 交地下鉄京都市役所前駅から徒歩6分 Pなし MAP付録P14C3

1 豆平糖350円は大豆入り 2 京てまり瓶入り450円 3 ワイン入りのぶどう飴各290円は秋限定販売

寺町通は、古美術・骨董品店が並ぶストリート。飲食店も充実しています。

爽やかな境内で深呼吸 緑いっぱいの古社 下鴨神社へ

縁結びのご利益があります！

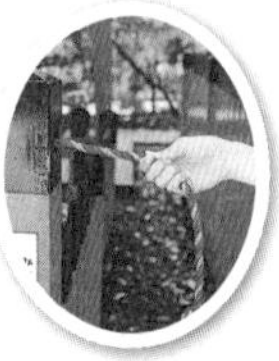

平安遷都以前のはるか昔から信仰の歴史を紡ぐ、京都を代表する古社。
古代原生林が生い茂り、神聖な空気に包まれた糺の森に、朱塗りの社殿が美しく映えます。

緑の参道の向こうに
朱色の楼門がそびえる

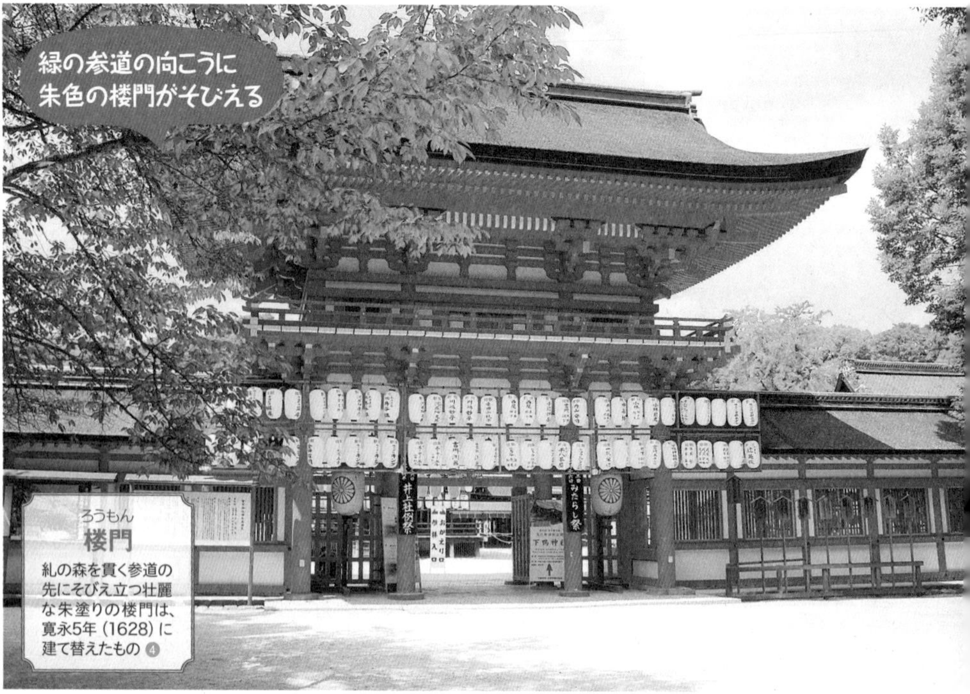

ろうもん
楼門

糺の森を貫く参道の先にそびえ立つ壮麗な朱塗りの楼門は、寛永5年（1628）に建て替えたもの ④

しもがもじんじゃ（かもみおやじんじゃ）

下鴨神社（賀茂御祖神社） 世界遺産

古代神話の神々を祭る聖地

紀元前に祀られたという記録も残る、歴史ある古社。西殿には厄除け、開運の神様・賀茂建角身命（かもたけつぬみのみこと）を、東殿には安産、子育ての神様・玉依媛命（たまよりひめのみこと）を祭神に祀り、両殿とも国宝に指定されている。5月の例祭・葵祭は『源氏物語』や『枕草子』にも登場する古式ゆかしい祭礼。

☎075-781-0010 住左京区下鴨泉川町59 ¥無料 ⏰6～17時 休無休 交市バス停下鴨神社前から徒歩3分 P200台
MAP付録P8E4

おすすめルート

1 糺の森 → 2 河合神社 → 3 相生社 → 4 楼門 → 5 言社 → 6 みたらし社

ぐるっと回って50分

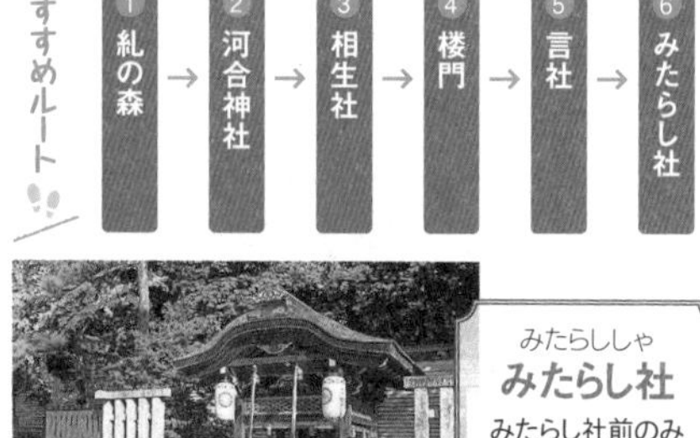

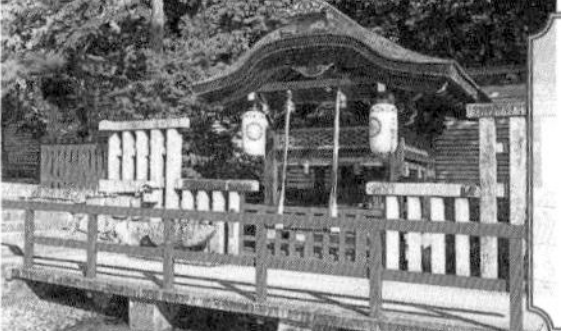

みたらししゃ
みたらし社

みたらし社前のみたらし池は、みたらし団子の発祥の地として有名 ⑥

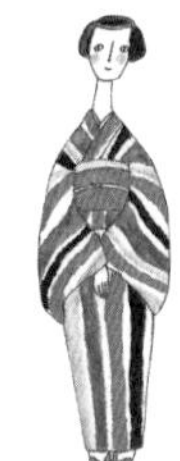

140年ぶりに復活した葵祭の名物をぜひ味わって

葵祭の日に神前に供え、参拝客にふるまわれていたという伝説の和菓子・申餅が、茶店の「さるや」とともに下鴨神社境内に復活。申餅とまめ豆茶のセット760円。☎090-6914-4300 MAP境内図P73-⑦

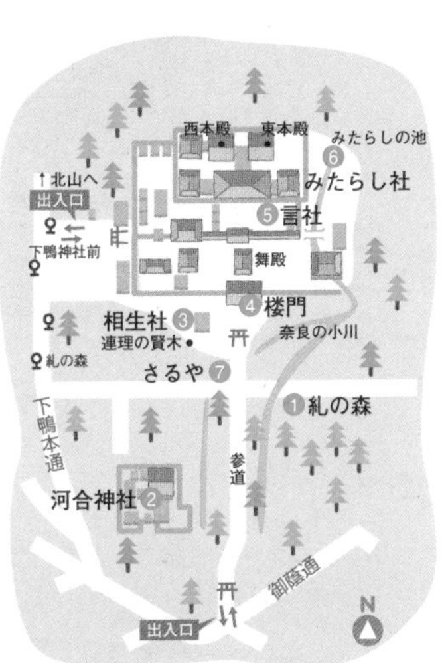

十二支の社で自分の干支にお参り

ことしゃ
言社

祭神の大国主命が持つ7つの名前をそれぞれ十二支の守り神として祭る。自分の干支に参拝するとご利益があるとか⑤

あいおいしゃ
相生社

2本の木の幹が途中から1本になっているご神木の連理の賢木は、縁結びや夫婦和合のご利益のシンボル③

縁結びのご利益にあやかって

ハートにも見える社紋にちなんだ葵守り800円

木々の緑に囲まれた気持ちいい散歩道

ただすのもり
糺の森

神社の周囲に広がる約3万6000坪におよぶ森林は、古代の重要な神事にも使われた神聖な場所①

絵馬がかわいい美人祈願の社

かわいじんじゃ
河合神社

美麗神として信仰される玉依姫命を祀る。『方丈記』を著した鴨長明ゆかりの神社として知られている②

クレヨンや口紅で彩る鏡絵馬1000円で美人祈願を

明治の頃まで夏の納涼スポットとして賑わった糺の森。現在は毎年8月中旬に「下鴨納涼古本まつり」が行われています。

ココにも行きたい

二条城・御所のおすすめスポット

晴明神社（せいめいじんじゃ）

陰陽師・安倍晴明公を祀る

写真提供：晴明神社

平安時代、6代の天皇に仕えた陰陽師・安倍晴明公が屋敷を構えていた場所に、その霊を鎮めるため一条天皇が創建した神社。境内には、魔を封じ込めると伝わる神紋・五芒星や晴明公が念力で湧出させたという晴明井も残る。DATA☎075-441-6460 住上京区堀川通一条上ル晴明町806 ¥無料 ◷9～17時 休無休 交市バス停一条戻橋・晴明神社前からすぐ P なし MAP 付録P7B1

廬山寺（ろざんじ）

源氏物語が紡がれた紫式部邸宅址

平安時代に元三大師が創建。紫式部はここで『源氏物語』など数々の作品を著したといわれ、本堂前には白砂と苔を配した「源氏の庭」が広がる。キキョウの花の名所としても名高い。DATA☎075-231-0355 住上京区寺町通広小路上ル北之辺町397 ¥500円 ◷9～16時 休2月1～10日 交京都駅から市バス4・17・205系統で23分の府立医大病院前下車、徒歩3分 P 20台 MAP 付録P14C1

相国寺（しょうこくじ）

現存最古にして最大の禅刹法堂

足利義満創建の臨済宗相国寺派大本山。豊臣秀頼が寄進した法堂は現存最古にして最大で、天井には「蟠龍図」が描かれ、手を打つと龍の鳴き声のような音が響く。DATA☎075-231-0301 住上京区相国寺門前町701 ¥法堂・方丈・開山堂又は浴室の春秋特別拝観は800円 ◷境内自由 休法要時等 交地下鉄今出川駅から徒歩8分 P なし MAP 付録P9C4

西陣くらしの美術館 冨田屋（にしじんくらしのびじゅつかん とんだや）

京町家と京のしきたりを学ぶ

冨田屋は江戸中期から伏見で両替商を営んでいたが、明治18年（1885）ごろ、西陣織の産地問屋として現在の地に移った。通りに面した母屋と表蔵は、明治期から変わらない典型的な表屋造。表の商業空間と奥の居住空間が独立しており、その表から裏庭までを一直線につなぐ土間「通り庭」などを目にすることができる。見学だけでなく、日々の生活やしきたりの話を聞け、西陣の伝統的な暮らしに触れることができる体験コースが設けられている。DATA☎075-432-6701 住上京区大宮通一条上ル ¥町家で暮らしの体験コース（予約制）・基本プラン2200円（町家見学と京のしきたりのお話、プラスオプションあり）、町家見学と京のしきたりのお話と、100年続くお茶席でいただく伝統弁当7700円など ◷9～17時（最終入館15時） 休1月1日 交市バス停一条戻橋・晴明神社前から徒歩5分 P なし MAP 付録P7B1

明治時代の器でいただく伝統弁当

壬生寺（みぶでら）

壬生狂言で名高い新選組の聖地

平安時代に創建され、延命地蔵尊を本尊とする律宗の寺院。新選組の訓練所だった境内の壬生塚には、隊士の墓碑や近藤勇・土方歳三の胸像があり、多くのファンが訪れる。DATA☎075-841-3381 住中京区壬生梛ノ宮町31 ¥境内自由（壬生塚・歴史資料室は300円） ◷8時30分～17時（壬生塚・歴史資料室は9～16時） 休無休 交市バス停壬生寺道から徒歩3分 P なし MAP 付録P5A1

京都国際マンガミュージアム（きょうとこくさいまんがみゅーじあむ）

日本のマンガ文化を国内外に発信

明治の雑誌など歴史資料や現代の人気作、海外版まで30万点を所蔵。総延長200mの書架には約5万冊が並び、館内や庭で自由に読める。DATA☎075-254-7414 住中京区烏丸通御池上ル西側 ¥1200円 ◷10～17時（受付は～16時30分） 休水曜（祝日の場合は翌日）、メンテナンス休館 交地下鉄烏丸御池駅から徒歩1分 P なし MAP 付録P14A4

下鴨茶寮（しもがもさりょう）

下鴨神社御用達の老舗で京料理

下鴨神社の御用達包丁人を務める料亭。京野菜や季節の素材を盛り込んだ本懐石が、優雅な雰囲気の中で味わえる。なかでも下鴨御膳7700円は、お昼から本格的な料亭の味が楽しめると人気。彩り豊かな品々は目にも鮮やか。DATA☎075-701-5185 住左京区下鴨宮河町62 ◷11時30分～13時30分LO、17～20時LO 休火曜 交市バス停新葵橋から徒歩5分 P 8台 MAP 付録P8E4

京料理かじ（きょうりょうりかじ）

肩肘はらずに名工による京料理を

京都現代の名工に選ばれた梶憲司氏による京料理店。「四季の京料理 富コース」5000円など敷居を感じない価格と繊細な料理の数々に、日本料理の素晴らしさを伝えたいという料理人の心意気を感じる。DATA☎075-231-3801 住中京区丸太町通小川東入ル横鍛冶町112-19 ◷12時～15時30分、17時30分～22時30分 休水曜 交地下鉄丸太町駅から徒歩5分 P なし MAP 付録P7B3

丸久小山園 西洞院店 茶房元庵
（まるきゅうこやまえん にしのとういんてん さぼうもとあん）

厳選されたお茶を味わう贅沢時間

創業300余年の老舗茶製造元が手がける茶房。同店限定の抹茶のロールケーキと選べるお茶セット1485円など、栽培からこだわった自慢のお茶を満喫。DATA☎075-223-0909 住中京区西洞院通御池下ル西側 ⏰茶房は10時30分～17時LO（売店は9時30分～18時）休水曜（祝日の場合は営業）交地下鉄烏丸御池駅から徒歩6分 Pなし MAP付録P7C4

加茂みたらし茶屋
（かもみたらしちゃや）

みたらし団子発祥の老舗茶屋

下鴨神社の境内を流れる御手洗川の水泡に由来する、みたらし発祥の茶店。上新粉のみを使用した素朴な味わいに黒砂糖ベースのタレが絡む、香ばしく上品な味わいのみたらし団子はお茶付きで3本500円。DATA☎075-791-1652 住左京区下鴨松ノ木町53 ⏰9時30分～18時LO 休火・水曜（祝日の場合は営業）交市バス停下鴨神社前から徒歩3分 Pなし MAP付録P8D3

らん布袋
（らんほてい）

大正ロマンな町家で抹茶スイーツ

西洋の骨董が並ぶ大正ロマン漂う町家カフェ。カナダ出身の茶道家、ランディー・チャネル宗榮氏がプロデュースする濃茶tofuケーキ570円や抹茶と和菓子セット950円～など気軽に抹茶が楽しめるメニューがいただける。DATA☎075-801-0790 住中京区上瓦町64 ⏰11時30分～20時（金曜は～23時、土・日曜は11時～）休木曜 交地下鉄二条城前駅から徒歩5分 Pなし MAP付録P7B4

出町ふたば
（でまちふたば）

行列に並んでも食べたい名物豆餅

行列ができる店として有名な明治32年（1899）創業の和菓子店。初代が生み出した豆餅1個240円は、赤えんどう豆の塩気とこし餡のあっさりとした甘さが絶妙なバランスでマッチした、素朴ながらもここでしか出合えない逸品。DATA☎075-231-1658 住上京区出町通今出川上ル ⏰8時30分～17時30分 休火曜、第4水曜 交市バス停河原町今出川から徒歩すぐ Pなし MAP付録P6D1

宝泉堂
（ほうせんどう）

老舗の品格を伝える和菓子

丹波の大納言小豆や黒大豆など素材にこだわった菓子作りの伝統を受け継ぐ和菓子店。下鴨神社の葵の文様をかたどった賀茂葵3枚入り710円が人気。また、近くの茶寮宝泉（MAP付録P8E3）では、生菓子やわらび餅1400円をいただける。DATA☎075-781-1051 住左京区下鴨膳部町21 ⏰10～17時 休日曜、祝日 交市バス停洛北高校前から徒歩3分 Pなし MAP付録P8E3

山田松香木店
（やまだまつこうぼくてん）

雅な香りの伝統を受け継ぐ老舗

江戸時代の明和年間（1764～1772）に創業した香木専門店。香道に使われる香木や香道具、「花京香12ヶ月印香揃え」990円など手軽に楽しめる香りグッズも充実。聞香や煉香でより深く香りの世界にふれられる体験コース（要予約）も人気。DATA☎075-441-1123 住上京区勘解由小路町164 ⏰10時30分～17時 休不定休 交地下鉄丸太町駅から徒歩7分 P3台 MAP付録P7C2

世界遺産 ひと足のばして 世界遺産の上賀茂神社へ

下鴨神社から賀茂川を上流に遡って、古代から続くスピリチュアルな神域をめぐりましょう。

上賀茂神社（賀茂別雷神社）
（かみがもじんじゃ（かもわけいかづちじんじゃ））

紫式部も恋愛成就を祈った古社

平安時代以前から賀茂別雷大神を祀ってきた、下鴨神社と並ぶ京都最古の神社で世界遺産。桓武天皇の遷都以降は都の鬼門に位置することから皇城鎮護の神として崇められた。紫式部が境内・片岡社で恋愛成就を願った歌もあり、良縁を祈願する参拝者が全国から訪れる。毎年5月に葵祭が行われ、毎月第4日曜には手づくり市も開催。DATA☎075-781-0011 住北区上賀茂本山339 ¥無料（本殿、権殿の特別参拝は500円）⏰5時30分～17時（二ノ鳥居内）休無休 交市バス停上賀茂神社前からすぐ P170台（30分100円）MAP付録P9B1

賀茂別雷大神が降臨したという神山を象る立砂

神馬堂
（じんばどう）

午前中で売切れ御免の門前名物

上賀茂神社の門前名物・やきもち1個130円。甘さ控えめのつぶ餡がぎっしり。DATA☎075-781-1377 住北区上賀茂御薗口町4 ⏰8時～昼ごろ（売切れ次第終了、予約がベター）休水曜 交市バス停上賀茂神社前（御薗口町）から徒歩4分 Pなし MAP付録P9B1

京都御苑は市民や観光客の憩いの場。バードウォッチングができる一角もあるなど、歴史や自然を満喫できます。

これしよう！
竹林の道や渡月橋景勝地をめぐる
平安時代から親しまれてきた自然豊かな美景地の宝庫。(☞P78・79)

これしよう！
のどかな嵯峨野の名刹を訪ねる
少し足を伸ばして田園風景が残る嵯峨野へ。歴史ある名刹を巡ろう(☞P82)

これしよう！
嵐山と一体化した世界遺産の名庭を鑑賞
国の史跡・特別名勝指定第1号の天龍寺・曹源池庭園は必見。(☞P80)

野宮神社の開運招福御守1500円(☞P79)

嵐山・嵯峨野はココにあります！

王朝ロマン漂う自然と古刹が楽しめる

嵐山・嵯峨
あらしやま・さが

こんなところ

桜や紅葉の名所として知られる嵐山・嵯峨は、かつては平安貴族たちが舟遊びに興じ、紅葉狩りを楽しんだ風雅なエリア。貴族ゆかりの古刹も多い。王朝文化の薫りに癒される。ナチュラル志向のカフェや竹細工のショップなど、立ち寄りスポットにも注目。

access

●京都駅から

【バス】
・市バス28系統で44分の嵐山天龍寺前、46分の野々宮、48分の嵯峨小学校前、50分の嵯峨釈迦堂前、53分の大覚寺下車

【電車】
・JR山陰本線で6分の二条駅乗り換え、地下鉄東西線で4分の太秦天神川駅下車、徒歩3分の嵐電天神川駅乗り換え、嵐電で3分の太秦広隆寺駅、14分の嵐山駅下車
・JR山陰本線で16分の嵯峨嵐山駅下車

広域MAP 付録P3B2

~嵐山・嵯峨 はやわかりMAP~

観光のヒント
観光シーズン中のスマートなめぐり方

観光シーズン中の渡月橋周辺は大変込み合うので、渡月橋と天龍寺を徒歩でめぐってから、レンタサイクルを使うという手も。

1 渡月橋（☞P78）
2 天龍寺（☞P80）
3 老松 嵐山店（☞P85）
4 常寂光寺（☞P83）
5 二尊院（☞P83）
6 清涼寺（☞P82）

清滝へ
寂庵
檀林寺
証安院
祇王寺
滝口寺
嵯峨村雪別院
厭離庵
多宝塔
嵯峨釈迦堂前
宝筐院
久遠寺
宝授寺
花園駅へ
落柿舎
嵯峨小学校前
化野念仏寺へ
保津峡駅へ
太秦駅へ
嵯峨嵐山駅
JR山陰本線（嵯峨野線）
トロッコ嵯峨駅
安立寺
正覚寺
法然寺
野宮神社
野々宮
竹林の道
大河内山荘・庭園
トロッコ嵐山駅
嵯峨野観光鉄道（トロッコ列車）
トロッコ保津峡駅へ
大悲閣千光寺
霊光院
松巌院
慈済院
弘源寺
三秀院
金剛院
嵐電（京福）嵐山本線
妙林寺
鹿王院寺
鹿王院駅へ
嵐電嵯峨駅
曇華院門跡
嵐山公園（亀山公園）
永明院
等観院
妙智院
嵐山天龍寺前
嵐山駅
臨川寺
角倉稲荷神社
らんぶらレンタサイクル
渡月橋
三条通
時雨殿
大堰川（保津川）
桂川
保津川下り着船場
屋形舟（遊覧船）のりば
嵐山公園（中之島公園）
松尾へ
法輪寺
阪急嵐山線
松尾大社駅へ
0 200m

渓谷を走り抜けるトロッコ列車

嵯峨～亀岡間で運行し、雄大な自然を満喫できる。（☞P86）

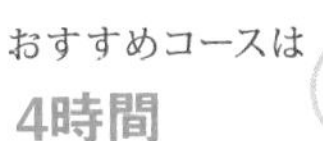

軽快に移動できる自転車をレンタル

嵐電嵐山駅はんなり・ほっこりスクエア内のらんぶらレンタサイクルで、自転車を貸し出している。

¥3段変速付2時間600円、1日1100円、電動1日1600円～

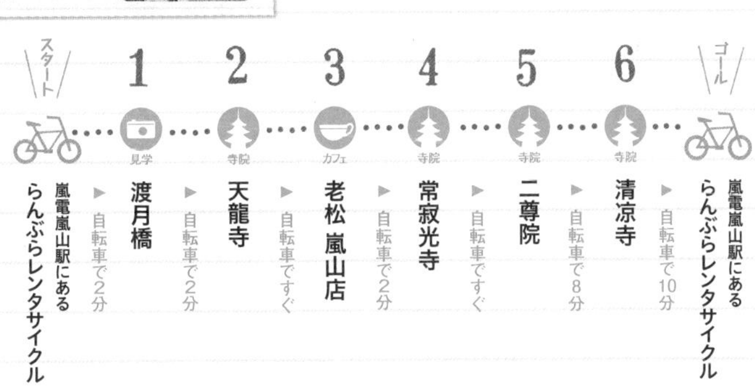

おすすめコースは

4時間

お寺の拝観には天龍寺に1時間、その他3つのお寺に2時間を見積もって。時間にゆとりがあるなら、清凉寺から自転車で約5分の旧嵯峨御所 大本山大覚寺（☞P82）へ足をのばしてみよう。

スタート 嵐電嵐山駅にあるらんぶらレンタサイクル
▶自転車で2分
1 見学 渡月橋
▶自転車で2分
2 寺院 天龍寺
▶自転車ですぐ
3 カフェ 老松 嵐山店
▶自転車で2分
4 寺院 常寂光寺
▶自転車ですぐ
5 寺院 二尊院
▶自転車で8分
6 寺院 清凉寺
▶自転車で10分
ゴール 嵐電嵐山駅にあるらんぶらレンタサイクル

平安貴族が愛した風景 嵐山・嵯峨をおさんぽ

古くから歌に詠まれ、多くの貴族らが別荘を構えた嵐山・嵯峨。
平安の時代から愛される風光明媚な景色を、のんびりと歩きましょう。

平安時代の渡月橋

渡月橋の東側は天皇や貴族の別荘が立ち並んだ地。渡月橋が架かる大堰川では、平安貴族が舟遊びを楽しんでいたといい、今でも保津川下り（☞P86）の風習が残っている。

貴族が舟遊びをした川と 百人一首で名高い山を望む橋

渡月橋（とげつきょう）

大自然になじむ 嵐山のシンボル

平安時代の承和年間（834〜848）に嵯峨天皇の法輪寺参拝のために架橋。「渡月橋」という名は、鎌倉時代、亀山上皇御幸の際、月が橋を渡るように見えたことから付けられた。現在の橋は昭和9年（1934）に架けられたもので、遠景はもちろん、山河が迫る橋上からの眺めもすばらしい。

¥🕒休見学自由 交嵐電嵐山駅から徒歩2分 MAP付録P19C4

平安貴族も愛した雅な風景

▲一年のなかでも春と秋は特に賑わう。川沿いが見事な桜で彩られ、華やかな雰囲気に

◀渡月橋上流には屋形船も。かつての貴族のように舟遊びを楽しもう

徒歩10分

▶秋になると、木造の欄干とカラフルな山々が一体となった美しい光景が楽しめる

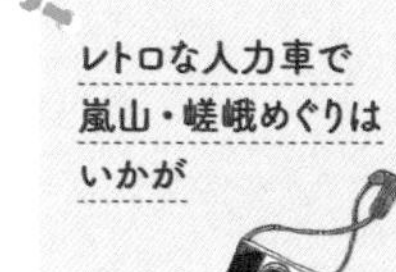

レトロな人力車で嵐山・嵯峨めぐりはいかが

ガイド付き人力車に乗っての観光もおすすめ。「えびす屋嵐山総本店」では希望の区間や時間別に気軽に利用できます。料金は12分1名4000円～、2名5000円～。☎075-864-4444 MAP付録P19C4

竹林の道
ちくりんのみち

心地よい清涼感と美しい緑に癒される

道の両脇に青々とした竹が生い茂る、京都を代表する風景の一つ。竹の間から差し込むさわやかな光や、風が吹く度に響き渡る葉がすれの音など、歩きながら心が洗われるよう。天龍寺の北門と通じているので、拝観の後に竹林の道へ行くコースもおすすめ。

¥営休散策自由 交嵐電嵐山駅から徒歩5分 MAP付録P19C3

日本を代表する古典文学 嵐山が舞台のワンシーン

源氏物語

光源氏の生涯を綴る一大長編。大きくは3部構成で、33帖までは光源氏の恋愛成就と立身出世、41帖までは恋愛生活の破綻と晩年の悲哀、宇治十帖は源氏の子や孫達の悲恋を描く。

Pick UP
ワンシーン 第10帖 賢木の巻

斎王に選ばれた娘とともに、伊勢に下ることを決意した六条御息所。斎王が潔斎の日々を送る野宮へと移る。そこへ訪ねてきた光源氏。野宮で暖簾越しに2人は対面、離れがたい一夜を過ごすが、数日後、御息所は伊勢へと旅立つ。

徒歩すぐ

▶えんむすび御守1000円は恋愛成就のご利益あり

野宮神社
ののみやじんじゃ

竹林に包まれた源氏物語ゆかりの古社

平安遷都後に創祀され、『源氏物語』にも登場する古社。黒木の鳥居や、柴を束ねた小柴垣が源氏物語の世界へと誘ってくれる。当時は伊勢神宮の斎宮に選ばれた皇女が3年間こもって身を清める習わしがあった。良縁祈願の神社として名高い。

☎075-871-1972 住右京区嵯峨野宮町1 ¥無料 営9～17時 休無休 交嵐電嵐山駅から徒歩5分 Pなし MAP付録P19C3

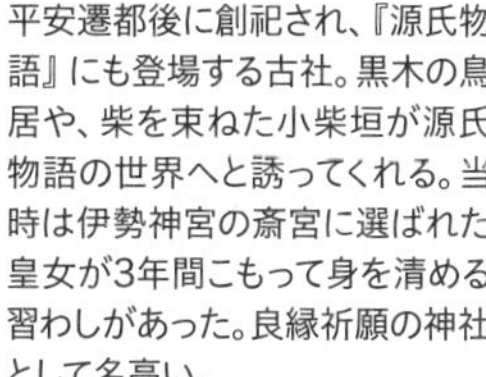

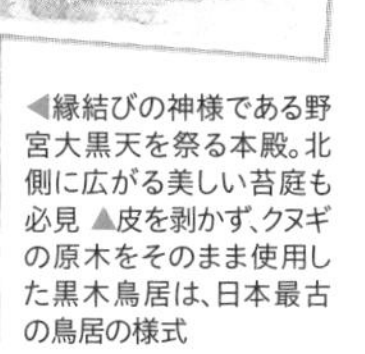

◀縁結びの神様である野宮大黒天を祭る本殿。北側に広がる美しい苔庭も必見 ▲皮を剥かず、クヌギの原木をそのまま使用した黒木鳥居は、日本最古の鳥居の様式

渡月橋の架かる川の呼び名は、橋を挟んで上流側が大堰川、下流側が桂川、さらに大堰川の上流は保津川と変わります。

壮大なお庭は嵐山のシンボル 由緒ある禅寺 天龍寺へ

嵐山の自然を巧みに取り入れた庭園を持つ世界遺産・天龍寺。
景色はもちろん、禅寺ならではの凛とした堂宇のたたずまいにも心が洗われます。

広大な庭園は四季の表情の変化が豊か

そうげんちていえん
曹源池庭園

国の史跡・特別名勝の指定第1号としても有名な池泉回遊式庭園。白砂や滝組をバランスよく配した雄大な造り ❺

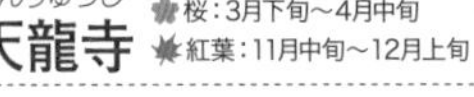

てんりゅうじ
天龍寺

桜：3月下旬～4月中旬
紅葉：11月中旬～12月上旬
世界遺産

世紀を越えて賛美される名勝地

臨済宗天龍寺派の大本山。暦応2年(1339)に足利尊氏が後醍醐天皇の菩提を弔うため創建した。嵐山や亀山を借景とした雄大な曹源池庭園は、作庭家としても活躍した僧侶・夢窓疎石による日本を代表する名園。法堂の雲龍図や、庫裏のだるま図も見どころ。

☎075-881-1235 住右京区嵯峨天龍寺芒ノ馬場町68 ¥庭園500円(諸堂は追加300円、法堂は別途500円) 🕒8時30分～17時 休無休 交市バス停嵐山天龍寺前からすぐ P120台 MAP付録P19C3

ぼうきょうのおか
望京の丘

曹源池庭園を山側から見下ろすことができる小高い丘。京都市内を一望することができる ❻

天龍寺の庭園を上から眺めよう

おすすめルート

❶ 放生池
↓
❷ 法堂
↓
❸ 庫裏
↓
❹ 大方丈
↓
❺ 曹源池庭園
↓
❻ 望京の丘

曹源池庭園内で精進料理を

「天龍寺 篩月（しげつ）」では、ランチ限定の精進料理3800円～（要予約）を曹源池庭園内の龍門亭にていただける。別途参拝料500円要。☎075-882-9725 MAP境内図P81-❼

法堂（はっとう）

天井に描かれた雲龍図は、日本画家・加山又造によるもの。どこから眺めても睨まれているように見え、「八方睨みの龍」ともよばれる ❷

庫裏（くり）

切妻造の寺務所兼台所。禅宗の初祖・達磨大師を描いたというだるま図は、いかめしい顔つきなのにユーモラス ❸

まずはこのだるま図に迎えられる

放生池（ほうじょういけ）

仏教の不殺生に伴い、捕らえた魚などを放すために設けられたという。6月末頃からは南側に美しい蓮の花が咲く ❶

大方丈（だいほうじょう）

広縁の長さが30mほどもある、境内最大の建物。腰を下ろしてゆっくりと曹源池庭園を眺めたい ❹

天龍寺の売店では庫裏のだるま図にちなんだグッズが好評。だるまピンバッチ300円やだるまさんキーホルダー500円はおみやげにも○。

時間があれば足をのばしたい 嵐山・嵯峨の名刹と古刹

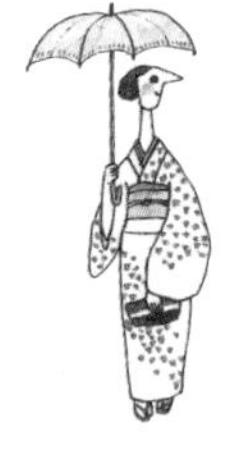

にぎやかな渡月橋や竹林の道を楽しんだ後は、足を伸ばして嵯峨へ。のどかな田園風景や豊かな自然の中に、歴史ある名刹が点在しています。

ここに注目!

しんぎょうぜんでん
心経前殿

心経殿の前殿である建物。内陣正面が開いているのは心経殿を拝するため

心経前殿には嵯峨天皇らの尊像が安置されている

きゅうさがごしょ だいほんざんだいかくじ

旧嵯峨御所 大本山大覚寺

ゆっくり拝観30分

王朝文化に根差す歴史とたたずまい

平安初期に嵯峨天皇が造営した離宮・嵯峨院が前身。貞観18年(876)に嵯峨天皇の長女・正子内親王が大覚寺と改め、天皇または皇族が住職に就く門跡寺院となった。多くの堂宇が戦火により焼失したものの、江戸時代に復興され、今も王朝文化が息づく風雅なたたずまいを見せる。五大堂の東側には日本最古の人工の庭池・大沢池が広がる。

☎075-871-0071 住右京区嵯峨大沢町4 ¥お堂エリア500円、大沢池エリア300円※写経は1000円 ⏰9時～16時30分(写経受付は～15時30分) 休無休 交市バス停大覚寺からすぐ Pあり(有料) MAP付録P19C1

1 諸堂を結ぶ村雨の廊下も雅な雰囲気が感じられる 2 大沢池では中秋を含む3日間に「観月の夕べ」を開催

せいりょうじ

清凉寺

ゆっくり拝観30分

国宝の本尊はエキゾチックな美仏

光源氏のモデルといわれる源融の山荘後に創建。寛和2年(986)に東大寺の学僧が宋から持ち帰ったという釈迦如来像を本尊とする。釈迦の生きた姿を表現したという珍しい仏像で、胎内には絹製の五臓六腑が納められている。ご本尊の開帳は毎年4・5・10・11月と毎月8日(8日のみ11時～)。

☎075-861-0343 住右京区嵯峨釈迦堂藤ノ木町46 ¥境内自由(本堂拝観400円) ⏰9～16時(4・5・10・11月は～16時30分) 休無休 交市バス停嵯峨釈迦堂前からすぐ P50台 MAP付録P19C2

1 大きな屋根が特徴の本堂は江戸時代の再建 2 池泉回遊式庭園のなかに立つ弁天堂

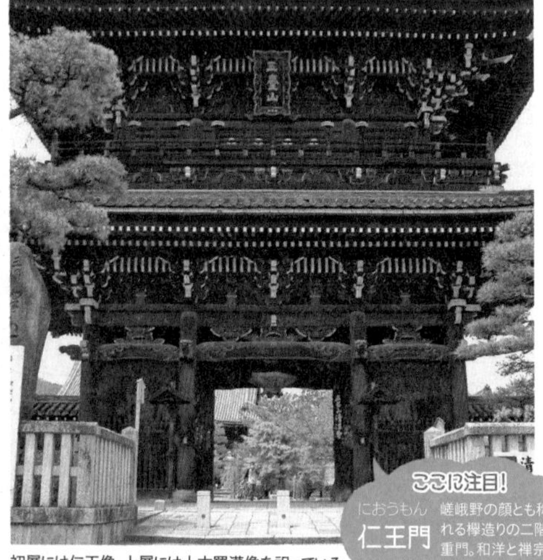

初層には仁王像、上層には十六羅漢像を祀っている

ここに注目!

におうもん
仁王門

嵯峨野の顔とも称される欅造りの二階二重門。和洋と禅宗様を折衷している

気軽に写経体験

大覚寺は嵯峨天皇が弘法大師のすすめで国家安寧の写経を行ったことから写経の根本道場としても有名で、五大堂の写経道場は一般参加も可能。写経に願い事を書き添えて納経すると祈願してくれる。

珍しいかやぶき屋根を持つ仁王門と自然の調和がすばらしい。夏は新緑、秋は紅葉が見事

じょうじゃっこうじ
常寂光寺

歌人も愛した自然美と調和する寺

藤原定家が庵を結んだ小倉山の中腹にある桃山時代創建の古刹。塀を持たず、山と一体化した自然豊かな境内は、四季折々の風情が見どころだ。

☎075-861-0435 住右京区嵯峨小倉町3 ¥500円 ◷9～17時 休無休 交市バス停嵯峨小学校前から徒歩7分 P5台 MAP付録P19B3

秋になると、石段の参道の両脇が見事に紅葉。「紅葉の馬場」とよばれ親しまれている

にそんいん
二尊院

2大本尊でご利益も倍増!?

嵯峨釈如来像と阿弥陀如来像の2仏を本尊に祭ることから名が付いた。2尊を安置する本堂は、京都御所の紫宸殿を模して約500年前に創建。

☎075-861-0687 住右京区嵯峨二尊院門前長神町27 ¥500円 ◷9時～16時30分 休無休 交市バス停嵯峨釈迦堂前から徒歩10分 P10台 MAP付録P19B2

静寂に包まれた庭は苔の美しさでも知られる。秋には散り紅葉が一面の苔を覆い尽くす

ぎおうじ
祇王寺

白拍子・祇王の悲恋の地

平清盛の寵愛を失って都を離れた白拍子・祇王が母・刀自、妹・祇女と共に出家、隠棲したと伝わる。庵内には清盛の木像も安置。

☎075-861-3574 住右京区嵯峨鳥居本小坂町32 ¥300円 ◷9時～16時30分受付終了 休無休 交市バス停嵯峨釈迦堂前から徒歩15分 Pなし MAP付録P19B2

二尊院の鐘楼は「しあわせの鐘」とよばれる。「生かされているしあわせ」「生けるものへの感謝」「世界人類のしあわせ」を願って3回撞こう。

嵐山の散策途中に立ち寄りたい 駅近おすすめランチ&カフェ

いつも多くの観光客で賑わう嵐山。なかでもにぎやかな駅の周辺には、京都らしいランチや話題のカフェが集まっています。

豆腐料理 松ヶ枝

とうふりょうり まつがえ

市松模様の オリジナル湯豆腐を

国産大豆から自家製造した、そばと抹茶の湯豆腐が名物。趣ある建物は、明治の日本画家・川村曼舟画伯の邸宅を改築しており、四季折々に表情を変える庭園を眺めながら、食事が楽しめる。

☎075-872-0102 住右京区嵯峨天龍寺芒ノ馬場町3 ⏰11時～16時30分（季節により変動あり）休無休 交嵐電嵐山駅から徒歩3分 Pなし MAP付録P19C4

▲湯豆腐のほか京のおばんざいや天ぷらなどが付く松ヶ枝コース2430円

▲日本画家の美意識がやどる店内

% Arabica Kyoto Arashiyama

あらびかきょうと あらしやま

▶オリジナルブレンドラテ550円

大堰川ビュー×大人気コーヒー

京都発のコーヒーロースターで、世界に展開しているコーヒースタンド。コーヒーには、オーナー自らが厳選した、世界各国の豆を使用している。散策のおともに香り高いコーヒーを。

☎非公開 住右京区嵯峨天龍寺芒ノ馬場町3-47 ⏰9～18時 休不定休 交嵐電嵐山駅から徒歩6分 Pなし MAP付録P19C4

▲ガラス張りの店内からは大堰川や嵐山が望める

3 嵐山よしむら

あらしやまよしむら

渡月橋を眺めながら 絶品そば

国産のそばの実を石臼挽きして作る手打ちそばは、食感が良く香り豊か。3面ガラス張りの2階席のカウンターからは、渡月橋や大堰川のパノラマビューを楽しむことができる。

☎075-863-5700 住右京区嵯峨天龍寺芒ノ馬場町3 ⏰11～17時（季節により変動あり）休無休 交嵐電嵐山駅から徒歩3分 Pなし MAP付録P19C4

▲ざるそばと天ぷら丼が味わえる渡月膳2160円

▲秋は窓の向こうに色とりどりに染まった風景が広がる

琴きき茶屋

ことききちゃや

渡月橋そばの 櫻もちの老舗

渡月橋のそばにある老舗茶屋。看板メニューは、道明寺餅を塩漬けの桜の葉で挟んだ櫻もち。上品な甘さのこし餡で道明寺餅を包んだ餅と2個セットで、おうすと一緒に楽しめる。

☎075-861-0184 住右京区嵯峨天龍寺芒ノ馬場町1 ⏰11～17時 休木曜（祝日の場合は営業）、水曜不定休 交嵐電嵐山駅から徒歩3分 Pなし MAP付録P19C4

▲嵐山エリアでも屈指の歴史を誇る

▲櫻もちとおうすのセット730円

▲家具と景色が調和した、洗練された空間

5

いくす かふぇ きょうとあらしやまほんてん
eX cafe 京都嵐山本店

庭園を望む贅沢カフェタイム

路地裏の風情ある旧邸宅を改装したカフェ。400㎡の広々とした日本庭園があり、全席から庭園を眺めることができる。七輪で自分好みに焼き上げるお団子セットなどの甘味がそろう。☎075-882-6366 住右京区嵯峨天龍寺造路町35-3 ⏰10〜18時（17時30分LO）休無休 交嵐電嵐山駅からすぐ Pなし MAP付録P19C3

▲ほくほく、お団子セット1540円

◀シングル480円〜。常時20種類以上がそろう

6

しんぱちちゃや
新八茶屋

世界が認めたオリジナルジェラート

素材を生かした自家製ジェラートの専門店。旬のフルーツを使ったものから、抹茶や桜もちなど京都らしいものまで、多彩な味わいがそろう。世界大会入賞のピスタチオもおすすめ。☎075-861-0117 住右京区嵯峨天龍寺造路町37-17 ⏰10〜18時（冬季は〜17時30分）休不定休 交嵐電嵐山駅から徒歩3分 Pなし MAP付録P19C4

世界遺産で精進料理

天龍寺の境内にある「天龍寺 篩月」では、季節の素材を使った精進料理がいただける。春・秋は予約がベターだ。☎075-882-9725 MAP P19C3

7

おいまつ あらしやまてん
老松 嵐山店

モダンな茶房で老舗の甘味

京の花街・上七軒に本店を構える、明治41年（1908）創業の和菓子店。坪庭を望む茶房が併設され、伝統的な生菓子や茶房限定の甘味などがいただける。抹茶と一緒にどうぞ。☎075-881-9033 住右京区嵯峨天龍寺芒ノ馬場町20 ⏰9時30分〜16時30分（販売は9〜17時）休不定休 交嵐電嵐山駅から徒歩3分 Pなし MAP付録P19C3

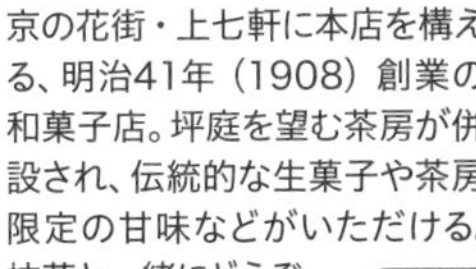

▲本わらび粉を使った本わらび餅1430円

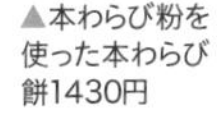

▼喧噪を離れ、静かな時間が過ごせる

8

あらしやまえきはんなり・ほっこりすくえあ
嵐山駅はんなり・ほっこりスクエア

使い方いろいろ！駅直結の便利な施設

嵐山駅直結の複合施設で、カラフルな京友禅ポールは写真スポットとして人気。気軽に利用できるグルメやショップが19店舗あり、ランチはもちろん、ちょっとした休憩にも最適。☎075-873-2121（問合せインフォメーション）住右京区嵯峨天龍寺造路町20-2 ⏰10〜18時（飲食店のLOは30分前）※時期により延長あり 休無休 交嵐電嵐山駅直結 Pなし MAP付録P19C3 ※各店舗の営業時間・休みは施設に準ずる

▲「OBU CAFE」の抹茶尽くしBOX 1650円

▶「SASAYA IORI+」のはんなり宇治抹茶パフェ650円

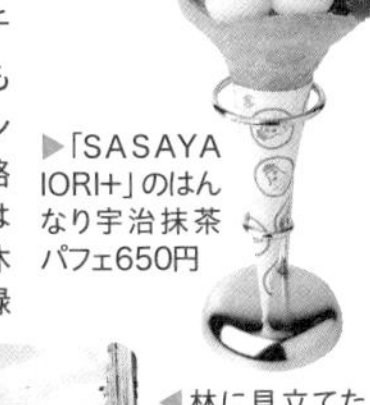

◀林に見立てた京友禅のポール。夜はライトアップされる

◀松コース4100円。天ぷらなども付いてボリュームしっかり

▼外の賑わいを忘れるほどの、静かで心地いい空間

9

ゆどうふ たけむら
湯どうふ 竹むら

老舗で味わう名店のなめらか豆腐

嵐山で60余年続く湯豆腐店。落ち着いた店内でいただけるのは、名店「森嘉」の豆腐を使った湯豆腐。湯豆腐をメインに、自家製胡麻豆腐など6品がいただけるコースをどうぞ。☎075-861-1483 住右京区嵯峨天龍寺北造路町48-7 ⏰11〜18時30分 休木曜（春・秋は臨時休業あり）交嵐電嵐山駅から徒歩3分 P4台 MAP付録P19C3

嵐山駅はんなり・ほっこりスクエアにはなんと「駅の足湯」がある。電車を待つ間に散策の疲れを癒そう

嵐山の自然を満喫できるトロッコ列車と保津川下り

嵐山の大自然をめいっぱい楽しみたいなら、保津峡を駆け抜けるトロッコと保津川下りに決まり！ 雄大な自然を肌で感じよう。

さがのとろっこれっしゃ

嵯峨野トロッコ列車

渓谷を走り抜けるパノラマ鉄道

嵯峨から亀岡までの7.3kmの渓谷沿いを走る観光列車。片道約25分の旅の車窓には、四季折々の風景が広がる。車掌さんの愉快なガイドも楽しんで！

☎075-861-7444（嵯峨野観光鉄道テレフォンサービス） ¥料金片道一律880円 ⏰9時または10時台～16時台の1時間ごとに運転（紅葉の時期や休日は臨時列車の運転あり、要確認） 休12月30日～2月末日 ※公式HPを要確認 交トロッコ嵯峨駅はJR嵯峨嵐山駅に隣接 Pなし MAP付録P18D3

1 レトロなデザインが人気で、記念撮影する人も多い 2 車窓から保津峡の四季折々の景色を楽しもう 3 秋には紅葉がライトアップされる

ほづがわくだり

保津川下り

美しい保津川の自然をのんびり船旅で満喫

亀岡から渡月橋のそばまでの16㎞を約2時間かけて下る船旅。風光明媚な景色とともに、急流のスリリングな気分も味わえる。

☎0771-22-5846 ¥乗船6000円 ⏰3月10日～12月第2週の日曜は9～15時の1時間ごとに運航（満席になり次第随時出船。土・日曜、祝日は不定期運航）、12月第2週の月曜～3月9日は10時～14時30分の1時間30分ごとに運航 休12月29日～1月4日、川止時、2・9月に安全点検あり 交乗船場へはJR亀岡駅から徒歩8分。またはトロッコ亀岡駅から京阪京都交通バス保津川下り乗船場息で15分、終点下車すぐ P80台 MAP付録P19C4

1 ライオン岩などさまざまな奇岩が見られる 2 船頭さんの竿さばきにも注目したい

START

JR嵯峨嵐山駅
↓ 徒歩すぐ
トロッコ嵯峨駅
↓ トロッコ列車25分
トロッコ亀岡駅
↓ 京阪京都交通バス15分
保津川下り乗船場（亀岡）
↓ 保津川下り約2時間
保津川下り着船場（嵐山渡月橋）
↓ 徒歩18分
JR嵯峨嵐山駅

GOAL

大河内山荘庭園（おおこうちさんそうていえん）

銀幕のスターの残した庭園

大正・昭和の映画スター、大河内傳次郎が小倉山の南斜面に築いた6000坪に及ぶ山荘。自然の起伏を生かした回遊式庭園に、大乗閣、茶室、中門などの洗練された建築が点在する。近年、国の文化財に指定された。DATA ☎075-872-2233 住右京区嵯峨小倉山田淵山町8 ¥1000円 ⏰9～17時（受付～16時30分）休無休 交市バス停野々宮から徒歩10分 P10台 MAP付録P19B3

落柿舎（らくししゃ）

名句を生んだ俳人の枯淡な住まい

向井去来の草庵跡。ここを訪ねた芭蕉が『嵯峨日記』を綴った場所として知られる。庭には柿の古木や多くの句碑があり、玄関には主の在宅を知らせる蓑と笠が吊るされるなど、ひなびた風情が随所に見られる。DATA ☎075-881-1953 住右京区嵯峨小倉山緋明神町20 ¥300円 ⏰10～17時（12～2月は10～16時）休12月30日～1月3日 交市バス停嵯峨小学校前から徒歩10分 Pなし MAP付録P19B2

嵐山公園展望台（あらしやまこうえんてんぼうだい）

渓谷を見下ろす絶景スポット

嵐山公園亀山地区にある展望台。大自然のパノラマに、保津川下りの船やトロッコ列車が通り過ぎる様子を見渡せる。嵐山の桜や紅葉の隠れた名所。夜間照明がないので夕方以降の散策は気を付けて。DATA ☎075-701-0102（京都府京都土木事務所※8時30分～17時15分、土・日曜、祝日は休み）住右京区嵯峨亀ノ尾町 ⏰休見学自由 交嵐電嵐山駅から徒歩14分 Pなし MAP付録P19B3

嵐山 昇龍苑（あらしやま しょうりゅうえん）

京都の人気グルメ&土産が充実

京漬物「西利」や洋菓子の「マールブランシュ」など、京都を代表する15店舗が集まる複合施設。昇龍苑限定のテイクアウトグルメが充実しているので、ぜひチェックしてみて。2階には、伝統工芸品や雑貨を扱うショップが並んでいる。DATA ☎075-873-8180 住右京区嵯峨天龍寺門前 ⏰10～17時 休無休 交嵐電嵐山駅からすぐ Pなし MAP付録P19C3

西山艸堂（せいざんそうどう）

世界遺産寺院の塔頭で湯豆腐を

天龍寺の塔頭寺院・妙智院内にある食事処。庭園を眺めながら、「嵯峨豆腐 森嘉」の豆腐を使用した湯豆腐がいただける。天ぷらなども付いた湯豆腐定食は3850円。DATA ☎075-861-1609 住右京区嵯峨天龍寺芒ノ馬場町63 ⏰11時30分～15時30分（14時30分LO）※変動あり 休水曜、火曜不定休 交嵐電嵐山駅からすぐ Pなし MAP付録P19C3

musubi-cafe（むすび かふぇ）

理想のヘルシーごはんを気軽に

京野菜や雑穀、地域の食材をふんだんに使ったヘルシーメニューが充実。なかでも京都産の野菜を中心に作られた本日のおすすめランチ（2種）1700円は定番人気。店内は白を基調としたおしゃれな造り。DATA ☎075-862-4195 住西京区嵐山西一川町1-8 ⏰10時30分～18時（17時LO）休火曜 交阪急嵐山駅から徒歩3分 Pなし MAP付録P18D4

車折神社（くるまざきじんじゃ）

願いをかなえる神石を求めて

平安時代後期の儒学者・清原頼業（きよはらのよりなり）を祀る神社。学業成就や金運招来のご利益のほか、「約束を違えないこと」を守る神様としても知られる。頂くと願いが叶うと伝わる祈念神石も人気で、拝殿前にはお礼に奉納された石が積まれている。DATA ☎075-861-0039 住右京区嵯峨朝日町23 予⏰休境内自由 Pあり（要確認）交嵐電車折神社からすぐ MAP付録P18E3

いしかわ竹乃店（いしかわたけのみせ）

竹細工のオリジナルアクセサリー

嵐山で90年近い歴史をもつ竹細工専門店。茶筅や花器といった伝統的な竹細工をはじめ、竹を使ったオリジナルアクセサリーまで、商品が充実している。竹ひごで作ったピアス3740円。DATA ☎075-861-0076 住右京区嵯峨天龍寺造路町35 ⏰10～18時 休無休 Pなし MAP付録P19C3

東映太秦映画村（とうえいうずまさえいがむら）

京都の没入型のテーマパーク

時代劇のセットを中心に、時代劇扮装など体験型の施設が充実。シーズンイベントにも注目。DATA ☎0570-064-349 住右京区太秦東蜂岡町10 ¥2400円 ⏰公式HPで要確認 休毎年1月中旬（詳細は問い合わせ）住京都駅からJR嵯峨野線で12分の花園駅から徒歩13分 P700台 MAP付録P3C2

これしよう！

京名物が集う駅ビルでお買い物！

百貨店や地下街などが集まる京都駅ビルでおみやげ探しを。(☞P98)

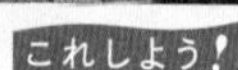

五重塔が立つ東寺で貴重な仏像を拝見

弘法大師・空海ゆかりの仏像を収蔵。立体曼荼羅は迫力満点。(☞P90)

これしよう！

古刹・東福寺が誇る美景を楽しみ尽くす

紅葉名所の通天橋や重森三玲作庭の庭園など、古刹の美を堪能。(☞P92)

京都駅はココにあります！

甘春堂本店で季節感あふれる京菓子を(☞P127)

ニッポンの至宝が集う古都の玄関口

京都駅周辺

きょうとえきしゅうへん

こんなところ

旅の玄関口・京都駅周辺には、密教の教えを表現した立体曼荼羅が圧巻な東寺、1002体の観音像が迎える三十三間堂など、仏像ファン必見の寺社が集中している。通天橋から眺める紅葉で知られる東福寺、親鸞聖人ゆかりの東本願寺や西本願寺も訪れたい。

access

●京都駅から

【バス】

・市バス208系統で9分の博物館三十三間堂前、11分の東山七条、14分の泉涌寺道下車

・市バス9系統で6分の西本願寺前、8分の堀川五条下車

【電車】

・JR奈良線で2分の東福寺駅、5分の稲荷駅下車

広域MAP付録P3C3

～京都駅周辺　はやわかりMAP～

二条駅へ
四条駅へ
祇園四条駅へ
六波羅蜜寺
五条通
清水五条
烏丸五条
五条
若宮八幡宮
丹波口
中央卸売市場
JR山陰本線（嵯峨野線）
烏丸通
京阪本線
鴨川
西本願寺
東本願寺
堀川通
地下鉄烏丸線
方広寺
渉成園
正因寺
豊国神社
京都国立博物館
興正寺
七条
大宮七条
七条堀川
河原町七条
即現寺
博物館三十三間堂
梅小路京都西
七条通
七条大宮・京都水族館前
烏丸七条
養源院
東山七条
智積院
願教寺
下京区役所
ニデック京都タワー
京都水族館
梅小路公園
ジェイアール京都伊勢丹
京都
河原町塩小路
京都鉄道博物館
京都
JR東海道線（琵琶湖線）
東海道新幹線
新熊野神社
東大路通
六孫王神社
大宮八条
JR奈良線
新大阪駅へ
京都駅
泉涌寺道
東福寺
東寺東門前
即成院
東福寺
東寺通
九条大宮
東寺
九条通
九条河原町
退耕庵
九条
同聚院
来迎院
楊貴妃観音堂
泉涌寺 P.95
琵琶湖疏水
河原町通
竹田街道
霊雲院
龍吟庵
茨木へ
南区役所
随林寺
油小路通
芬陀院
雲竜院
鴨川東出入口
東光寺
念佛寺
光明院
十条
十条通（鳥羽通）
鳥羽街道
十条
稲荷山トンネル
極楽寺
伏見妙見寺
近鉄京都線
鴨川西出入口
伏見稲荷
上鳥羽出入口
第二京阪道路
伏見稲荷大社 P.94
稲荷
上鳥羽口
京都南ICへ
竹田駅へ
くいな橋駅へ
深草駅へ
JR藤森駅へ
米原駅へ
0　200m

1 京都駅ビル（☞P98）

2 三十三間堂（☞P93）

3 茶匠 清水一芳園（☞P97）

4 東福寺（☞P92）

5 東寺（教王護国寺）（☞P90）

6 御菓子司 東寺餅（☞P97）

優美なお庭が広がる東本願寺の飛地境内地

石川丈山が作庭した池泉回遊式庭園は洗練された趣。（☞P97）

地上100mから市内を一望 ニデック京都タワー

1964年に灯台をモチーフにして建てられた131mの展望タワー。

☎非公開 ¥展望室900円 🕘9～21時（20時30分最終入場）休無休 広域MAP 付録P5C3

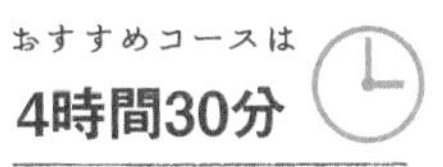

おすすめコースは

4時間30分

見どころ間が離れているので、バスを上手に利用して。京都駅から三十三間堂までは市バス206・208系統で移動可能。東福寺から東寺までは市バス202・208系統で移動しよう。

スタート JR京都駅 ▶徒歩すぐ

1 買い物 京都駅ビル ▶バスで5分

2 寺院 三十三間堂 ▶徒歩5分

3 カフェ 茶匠 清水一芳園 ▶徒歩15分

4 寺院 東福寺 ▶バスで10分

5 寺院 東寺（教王護国寺） ▶徒歩すぐ

6 買い物 御菓子司 東寺餅 ▶徒歩20分

ゴール JR京都駅

迫力ある立体曼荼羅は必見！ 空海ゆかりの寺 東寺

桓武天皇が創建し、のちに弘法大師空海に委ねられた東寺。
古都のランドマーク・五重塔をはじめ、境内は国宝のオンパレードです。

東寺（教王護国寺） 世界遺産

とうじ（きょうおうごこくじ）

日本屈指のスター仏像が集結

平安遷都（794年）の2年後、延暦15年（796）に都と国家鎮護のために創建された国立寺院で、平安京唯一の遺構。のちに嵯峨天皇が弘法大師・空海に下賜し、日本初の真言密教の根本道場となった。密教の教えを仏像群で立体的に表現した講堂の立体曼荼羅は必見。南大門から食堂まで、伽藍が一直線に並ぶ寺院全体も大きな曼荼羅に見立てられている。

☎075-691-3325 住南区九条町1 ¥境内自由（金堂・講堂500円、宝物館500円） 時8～17時（宝物館は9～17時）※受付は～16時30分 休無休（宝物館は3月20日～5月25日、9月20日～11月25日のみ開館） 交JR京都駅から徒歩15分 P50台 MAP付録P5B4

おすすめルート
① 講堂 → ② 金堂 → ③ 五重塔 → ④ 食堂 → ⑤ 大師堂(御影堂) → ⑥ 南大門

ごじゅうのとう
五重塔
約55mと木造塔では日本一の高さを誇る、京都のシンボル的存在。現在の塔は徳川家光によって再建された5代目 ③

一層目の屋根の下の四隅をよく見ると、踏ん張って塔を支える天邪鬼の姿が

食堂…昭和初期の火災に遭った四天王が本尊を守護 ④

大師堂(御影堂)…弘法大師像と不動明王を安置する国宝 ⑤

早朝から賑わう
毎月21日の弘法市
も必見

弘法大師の命日3月21日にちなみ、毎月21日に東寺で開かれる縁日「弘法市」。当日は早朝から骨董品や着物などの店が所狭しと並び、掘り出し物を求める人々で大賑わい。☎0774-31-5550 MAP 付録P5B4

だいにちにょらい
大日如来

「偉大な太陽」という意味を持つ、真言密教最高位の仏像。如来には珍しく華やかな装飾のお姿で、曼荼羅の中心でひときわ輝きを放っている

たいしゃくてん
帝釈天

如来、菩薩、明王を守護する役割。涼しげな目元が印象的で「日本一ハンサムな仏像」と称される

こうどう（りったいまんだら）
講堂（立体曼荼羅）

密教の教えを広めるために建立された東寺の中心的な建物。内部には大日如来を中心に五智如来や五大菩薩、不動明王や帝釈天など21体の仏像群を配置。密教の教えを表す曼荼羅を視覚的に表現している。21体のうち16体が国宝、5体が国の重要文化財。❶

こんどう
金堂

本尊の薬師如来、日光菩薩、月光菩薩を安置する。薬師如来坐像の台座の周りを囲む十二神将像にも注目 ❷

なんだいもん
南大門

慶長6年（1601）建造の三十三間堂の西門を明治28年（1895）に移築。精緻な彫刻に桃山建築らしさがうかがえる ❻

「京菓匠 笹屋伊織本店」（MAP 付録P5B3）では弘法市の前後3日間、代表銘菓のどら焼1620円を販売。

市松模様がモダンでおしゃれ 東福寺の本坊庭園を眺めましょ

昭和の日本庭園界に新風を吹かせた作庭家・重森三玲の代表作が東福寺の本坊庭園。奥深い仏教の世界観を斬新なデザインで表現した技と感性に脱帽です。

荘厳な三門は必見！

北庭
ウマスギゴケと恩賜門の敷石を利用した市松模様はモダンでありながらかわいらしさも

とうふくじ

東福寺

方丈を囲む4庭は永遠のモダニズム

嘉禎2年（1236）、摂政九條道家が祖父の菩提寺として建立したのが始まり。方丈を囲む4庭は、昭和14年（1939）に重森三玲が仏教の「八相成道」にちなんで作庭し、「八相の庭」ともよばれる。紅葉の名所としても有名で、通天橋からの眺めが特にすばらしい。

☎075-561-0087 住東山区本町15-778 ¥方丈500円、通天橋600円（共通1000円）※秋季は変動あり 🕒9時～16時30分（12月上旬～3月末は～16時、秋の拝観期間中は8時30分～）※受付は30分前まで 休無休 交JR東福寺駅から徒歩10分 P20台（秋の拝観期間中は利用不可） MAP付録P4E4

ほかのお庭も アーティスティック！

西庭
四角く刈り込んだサツキと砂地で大きな市松模様を表現。北庭とは違った趣に

南庭
白砂で描かれた端正な渦巻きは「八海」といい、荒れ模様の海を表す

東庭
柱石を北斗七星の形に配し、生垣を天の川に見立てた斬新なデザイン。「北斗の庭」とも

千の救いの手を差しのべる 三十三間堂の千手観音とご対面

あらゆる手立てで人々を救う慈悲深い千手観音像が1002体、一堂に会する三十三間堂。「心から会いたいと願う人に似た観音様がいる」ともいわれます。

千手観音立像
2018年、国宝に。檀上に整然と並ぶ姿は迫力満点。すべてにご尊名がある

※写真提供:妙法院

さんじゅうさんげんどう
三十三間堂

お堂も堂内の仏像も すべてが国宝という圧巻のスケール

平安末期、後白河上皇の勅願により建造された観音堂が起源。のちに全堂宇を焼失し、後嵯峨上皇によって現在の本堂が再建された。堂内に中尊丈六千手観音坐像、1001体の等身大・千手観音立像、これらを守護する風神・雷神像、観音二十八部衆像がずらりと並ぶ様子は圧巻のひと言。

☎075-561-0467 住東山区三十三間堂廻り町657 ¥600円(1月15日に近い日曜と3月3日は無料) 🕒8時30分～17時(11月16日～3月31日は9～16時)※受付は30分前まで 休無休 交市バス停博物館三十三間堂前からすぐ P50台 MAP付録P4E3

本堂の全長はなんと120m超!

千体仏を守る ユニークな仏像にも注目

迦楼羅像（かるら）
二十八部衆の一体・迦楼羅像は、鳥の頭と翼を持ち、笛を吹く姿が大変ユニーク

雷神像
仏法を守るために勧善懲悪にいそしみ、風雨をコントロールする力の持ち主

風神像
躍動感いっぱいに天を駆けながら、悪神を追い払って幸を授ける

三十三間堂には後白河上皇が頭痛を癒したという由来から、頭痛平癒のお守り300円があります。

朱の鳥居がどこまでも続く伏見稲荷大社 息をのむ美しい景観に酔いしれて

鳥居が彩る幻想的な景観は、海外メディアでも取り上げられ今や世界的な人気スポット。本殿や楼門など、みどころもたっぷりです。

千本鳥居
鳥居はお山全体で約1万基。鮮やかな朱色は豊穣を表す色として重んじられてきた

神の使いという狐の像

ふしみいなりたいしゃ
伏見稲荷大社

鳥居が連なる稲荷信仰の聖地

全国に約3万社ある稲荷神社の総本宮。創祀は和銅4年（711）と歴史深く、五穀豊穣や商売繁昌、家内安全の神様として古来庶民から信仰を集める。本殿背後から奥社奉拝所にかけて朱色に施された鳥居が連なる「千本鳥居」は、神社のシンボル的風景として知られる。

☎075-641-7331 住伏見区深草藪之内町68 ¥Ⓛ休境内自由 交JR稲荷駅からすぐ P250台 MAP付録P2D3

圧巻の建築物に祈願の石 こちらも要チェック！

おもかる石
奥社奉拝所にある不思議な石。願い事を念じながら持ち上げ、軽く感じると願いが叶うとか

本殿
室町時代と桃山時代の両方の特徴をもつ、国の重要文化財。明応8年(1499)に再興された

楼門
豊臣秀吉が母・大政所の病気平癒祈願の御礼に寄進。規模としても最大クラスに属し大迫力

美人祈願に訪れる人も多し 泉涌寺の優美な仏さまに癒やされる

月輪山の麓にたたずむ古刹。美仏で名高い楊貴妃観音像や三尊像、重要文化財の仏殿はもちろん、御座所の庭園も必見です。

せんにゅうじ
泉涌寺

品格漂う皇室ゆかりの「御寺(みてら)」

斉衡(さいこう)2年（855）創建の仙遊寺が前身。嘉禄2年（1226）に境内の一角から泉がわき出たことから「泉涌寺」と改称した。四条天皇の御葬儀以降、皇室の菩提寺となり「御寺」とよばれ、長く篤い信仰を集めた。境内には天皇はじめ皇族が滞在するための御座所もある。

☎075-561-1551 住東山区泉涌寺山内町27 ¥拝観500円、御殿・庭園300円 ◷9時～最終受付16時30分（12～2月は～最終受付16時）休無休（宝物館は第4月曜休館）交市バス停泉涌寺道から徒歩15分 P30台 MAP付録P4F4

ありがたいご利益を
あやかりに巡拝

阿弥陀・釈迦・弥勒三尊像
運慶作と伝わる仏殿内の三尊像は、現在・過去・未来の三世にわたって幸福へ導くという

仏殿
大門の正面に構える仏殿は、寛文8年（1668）徳川家綱により再興された国の重要文化財

御座所庭園
林泉形式の庭。築山や池の周囲に木々がバランスよく配され、紅葉の季節も見もの

楊貴妃観音像
楊貴妃がモデルの美麗な像で、かつては秘仏だった。拝むと身も心も美しくなれるとか

観音像を安置するのはここ

ココにも行きたい

京都駅周辺のおすすめスポット

六孫王神社（ろくそんのうじんじゃ）

清和源氏ゆかりの神社

清和源氏の祖である源経基を祀る。経基は、清和天皇の六男を父とし、六男の「六」と天皇の「孫」を合わせ六孫王とよばれた。境内があるのは邸宅跡で、経基が好んだ牡丹が植えられており、社紋にも牡丹を用いている。DATA☎075-691-0310 住南区壬生通八条角 ¥休境内自由 交市バス停六孫王神社前からすぐ P参拝者専用 MAP付録P5A3

東本願寺（ひがしほんがんじ）

大スケールの伽藍が立ち並ぶ

慶長7年（1602）に創立された真宗大谷派本山で、正式名称は真宗本廟。世界最大級の木造建築である御影堂には、宗祖親鸞聖人の御真影（木像）、阿弥陀堂には、御本尊・阿弥陀如来を安置する。DATA☎075-371-9181 住下京区烏丸通七条上ル ¥無料 ◷5時50分～17時30分（11～2月は6時20分～16時30分）休無休 交JR京都駅から徒歩7分 Pなし MAP付録P5C2

豊国神社（とよくにじんじゃ）

立身出世の秀吉にあやかりたい

豊臣秀吉を祀る神社で、「ほうこくさん」の名で親しまれる。豊臣家滅亡後、幕府の命により廃祀されたが、明治13年（1880）に再建。伏見城の遺構と伝わる国宝の唐門のほか、秀吉ゆかりの品々を多数展示する宝物館がある。DATA☎075-561-3802 住東山区大和大路正面茶屋町530 ¥◷休境内自由（宝物館は500円、9～17時）交市バス停博物館三十三間堂前から徒歩5分 P20台 MAP付録P4E2

西本願寺（にしほんがんじ）

世界遺産

秀吉ゆかりの桃山アートの宝庫

浄土真宗本願寺派の本山。親鸞聖人の末娘・覚信尼が東山に廟堂を建て、聖人の御影を安置したのが始まりとされる。移転を繰り返したのち、天正19年（1591）、豊臣秀吉に寺領を寄進されたことから現在の地に。広い境内には、親鸞聖人の木像や歴代門主の御影を懸ける壮麗な御影堂をはじめ、「日暮らし門」ともよばれる煌びやかな彫刻を施した唐門、秀吉が建てた聚楽第の一部を移したともされ、京都三名閣に数えられる飛雲閣など、ことに桃山文化の華麗な芸術性を伝える国宝・重要文化財が数多く見られる。さらに、書院の障壁画や庭園「虎渓の庭」など建物内部の見どころも外せない。樹齢約400年の大銀杏は、京都市の天然記念物に指定されている。DATA☎075-371-5181 住下京区堀川通花屋町下ル ¥参拝自由、書院・飛雲閣は通常非公開 ◷5時30分～17時 休無休 交市バス停西本願寺前からすぐ Pあり MAP付録P5B2

境内南側の通りに面して立つ唐門。桃山時代の豪華な彫刻が見事

市比賣神社（いちひめじんじゃ）

厄除祈祷で有名な女性の守り神

平安京建都の翌年に創建された古社。女人厄除祈祷で知られ、全国から女性参拝者が祈願に訪れる。薄桃色の「女人守り」1000円や、姫だるまの中におみくじが入った「姫みくじ」1000円などが人気。DATA☎075-361-2775 住下京区河原町五条下ル一筋目西入ル ¥無料 ◷9～17時（受付は～16時30分）休無休 交地下鉄五条駅から徒歩10分 Pなし MAP付録P4D2

京都水族館（きょうとすいぞくかん）

自然を学ぶ内陸型水族館

オオサンショウウオを展示する「京の川」や、約30種のクラゲを展示する「クラゲワンダー」など10のエリアに分かれ、川や海のさまざまないきものたちに出会える。イルカパフォーマンスも人気。DATA☎075-354-3130 住下京区観喜寺町35-1 ¥入館2400円 ◷10～18時※日により異なる 休無休 交市バス停七条大宮・京都水族館前から徒歩4分 Pなし MAP付録P5B3

京都タワーサンド（きょうとたわーさんど）

地元の老舗&話題店が集結

京都駅前にそびえる京都タワービルの、地下1階～地上2階の3フロアに入る商業施設。京都駅から地下通路で直結しているため、雨の日でもアクセスしやすい。「街・駅に続く、3つめの選択肢へ。これまでにない、これからの京都。」をコンセプトに、京都の老舗から話題の人気店まで、お土産・雑貨店や飲食店などが約42店舗出店している。ここでしか取り扱っていない限定商品もあり、京都のおみやげ探しに便利。地下には京の味を自由に組み合わせられるフードホールのフロアが備わっており、地元の人にも人気。2階には、和菓子作り教室や、伝統工芸品の体験工房、着物レンタルなど、体験型のスポットも充実している。DATA☎075-746-5830（10～19時）住下京区烏丸通七条下ル東塩小路町721-1 ◷地下1階11～23時、1階10～21時、2階10～19時※一部店舗により異なる 休無休 交JR京都駅地下通路直結（JR地下東口から徒歩2分）Pなし MAP付録P5C3

飲食店の名店が集まるフードホール

京都鉄道博物館（きょうとてつどうはくぶつかん）

大迫力の鉄道を間近で実感！

「見る、さわる、体験する」など様々な角度から鉄道を学ぶことができる博物館。車両の展示や、鉄道ジオラマ、運転シミュレータをはじめ、SLがけん引する客車に乗車体験もでき、世代を超えて楽しめる展示が盛りだくさん。DATA☎0570-080-462 住下京区観喜寺町 ¥1500円 ⏰10～17時（16時30分最終入館）休水曜（祝日、春・夏休みは開館）交JR梅小路京都西駅から徒歩2分 Pなし MAP付録P5A3

渉成園（しょうせいえん）

四季折々の変化に富む美景地

石川丈山が作庭したとされる優美な池泉回遊式庭園を持つ東本願寺の飛地境内地。四季折々の花が咲き誇り、変化に富んだ景観を楽しめる。DATA☎075-371-9210 住下京区下珠数屋町通間之町東入東玉水町 ¥庭園維持寄付金700円以上 ⏰9～17時（11～2月は～16時※受付は30分前まで）休無休 交JR京都駅から徒歩10分 Pなし MAP付録P4D2

わらじや（わらじや）

老舗の名物うぞうすいに舌鼓

創業400余年のうぞうすいの専門店。豊臣秀吉がここで休憩し、わらじを脱いだことが店名の由来。白焼きにしたウナギを餅や野菜とともに卵でとじたうぞうすい1人前7500円～。DATA☎075-561-1290 住東山区西之門町555 ⏰11時30分～14時LO、17～19時LO 休火曜（臨時休業あり）交市バス停博物館三十三間堂前からすぐ Pなし MAP付録P4D3

京料理 道楽（きょうりょうり どうらく）

本格京料理を秀吉ゆかりのお弁当で

江戸時代創業の老舗料亭。豊臣秀吉が旗印とした瓢箪型の器に入った豊国弁当1万800円（持ち帰りのみ）は、ゆかりの史跡が多いこの地域ならでは。本格的な京料理のコースは1万6500円～。DATA☎075-561-0478（要予約）住東山区正面通本町西入ル ⏰12～14時LO、17～19時LO 休不定休 交京阪七条駅から徒歩5分 Pなし MAP付録P4D2

茶匠 清水一芳園（ちゃしょう しみずいっぽうえん）

極上濃厚抹茶のかき氷

老舗料亭も御用達の茶問屋が直営するカフェ。エスプーマを使ったかき氷が夏の名物メニューで、宇治抹茶の濃茶と和三盆蜜で作るきめ細やかなムースが、ふんわりとした氷にマッチ。開店前から行列ができることもある。DATA☎075-202-7964 住東山区本瓦町665 ⏰11～17時LO 休月曜（祝日の場合は翌日）交市バス停東山七条から徒歩2分 Pなし MAP付録P4E3

大谷園茶舗（おおたにえんちゃほ）

厳選宇治茶を使う抹茶甘味

茶審査技術五段の主人が厳選した茶葉を販売する茶舗で、日本茶インストラクターに相談しながら買い物ができる。併設のカフェでは、宇治玉露1000円や宇治茶パフェソフトDx翠850円などのお茶メニューやスイーツを楽しめる。DATA☎075-561-4658 住東山区今熊野椥ノ森町7 ⏰9時30分～18時（17時LO）休日曜、祝日 交市バス停泉涌寺道から徒歩2分 Pなし MAP付録P4E3

御菓子司 東寺餅（おかしつかさ とうじもち）

東寺観光に欠かせない門前名物

東寺御用達の老舗の和菓子店。屋号に掲げられる東寺餅160円が名物で、滑らかな舌ざわりのこし餡をやわらかな求肥で包んだシンプルな味わいが魅力。このほか、よもぎの風味が芳しいよもぎ餅220円も根強い人気。DATA☎075-671-7639 住南区東寺門前町88 ⏰7時～18時30分 休毎月6・16・26日（土・日曜、祝日の場合は翌日）交JR京都駅から徒歩15分 Pなし MAP付録P5B3

香老舗 薫玉堂（こうろうほ くんぎょくどう）

京都伝統の和の香りに包まれて

本願寺出入りの薬種商として創業以来、430年以上の歴史を持つお香の老舗。香道や仏事に用いる伝統的なお香をはじめ、キャンドル、フレグランスオイル、ハンドクリームなど、現代の暮らしに合わせて香りを楽しめる商品も多数揃う。DATA☎075-371-0162 住下京区堀川通西本願寺前 ⏰9時～17時30分 休第1・3日曜 交市バス停西本願寺前から徒歩3分 P2台 MAP付録P5B2

箱藤商店（はことうしょうてん）

大切なものを収めたい上質な桐箱

呉服や茶碗などを保管するための桐箱を作り続けてきた老舗。近年は伝統的なタイプに加え、愛らしい絵付けを施したたまご箱6600円などのモダンな桐箱も豊富に揃える。自分好みの形や柄でオーダーメイドも可。DATA☎075-351-0232 住下京区堀川通五条下ル柿本町580-8 ⏰10～12時、13～18時 休日曜、祝日 交市バス停堀川五条からすぐ Pなし MAP付録P5B2

西本願寺・東本願寺周辺は、古くから仏具店が集まるエリア。専門的なアイテムが目白押しです。

京都名物がひととおり揃います 京都駅ビルでお買いもの&カフェ

話題のお店が続々と進出する京都駅は、京都で今最も賑わう場所の一つ。お目当ての京名物から人気カフェのスイーツまで楽しみ尽くしましょう。

あ あすていきょうと アスティ京都

京都を代表するお土産、グルメなど約50店舗が一堂に集まった、新幹線京都駅直結の複合商業施設。☎075-662-0741(ジェイアール東海関西開発・平日9〜17時)🕒店舗により異なる 休無休 MAP付録P5C3

い みやこみち みやこみち

JRおよび近鉄京都駅に直結。飲食店やみやげ店など約40店舗が集う。☎075-691-8384 🕒ショップ・サービス9〜20時(一部店舗は20時以降も営業)、レストラン11〜22時、軽食・喫茶9〜20時(店舗により早朝〜深夜営業あり)休無休 MAP付録P5C3

う じぇいあーるきょうといせたん ジェイアール京都伊勢丹

京都駅ビル西側の百貨店。地下1・2階では菓子や漬物などの定番みやげから、人気店の新ブランド、店舗限定商品まで幅広く揃う。☎075-352-1111 🕒10〜20時(レストラン7〜10階は11〜23時、11階は〜22時)休不定休 MAP付録P5C3

え きょうとぽるた 京都ポルタ

京みやげ、グルメ、ファッションを中心に、約220店舗を展開するショッピングセンター。1階に「おみやげ小路 京小町」、2階に「京名菓・名菜処 京」が入る。☎075-365-7528 🕒レストラン・カフェ11〜22時(モーニング提供店は7時〜)、ほか10時〜20時30分 休不定休 MAP付録P5C3

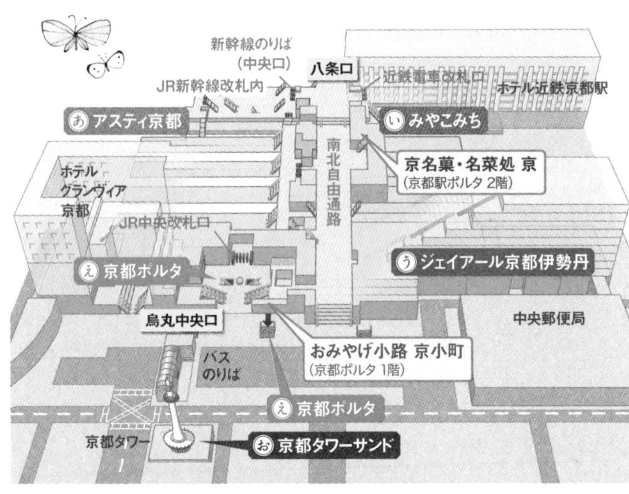

京都ポルタ 1階

おみやげこうじ きょうこまち おみやげ小路 京小町

JR中央改札口からすぐ、京名菓や和雑貨など品揃え豊富。2024年8月、リニューアルオープン。☎京都ポルタへ 🕒8時30分〜20時※季節により変動あり MAP付録P5C3

京都ポルタ 2階

きょうめいか・めいさいどころ みやこ 京名菓・名菜処 京

JR西口改札前。スイーツから弁当まで、話題のおみやげが大集合。☎京都ポルタへ 🕒8時30分〜21時(一部店舗は7時〜)MAP付録P5C3

お きょうとたわーさんど 京都タワーサンド

京都駅前に立つ、京都タワービル内にある商業施設。京都の老舗から話題の土産店・飲食店・体験型ショップが約42店舗集結。☎075-746-5830(10〜19時)🕒地下1階11〜23時、1階10〜21時、2階10〜19時※一部店舗により異なる 休無休 MAP付録P5C3

感動の美味に出合えます
おいしい京都を召し上がれ

見た目も味わいも繊細な京懐石、ヘルシーな湯葉料理、家庭的な味わいの丼やおばんざい…京グルメは多彩で飽きません。観光の合間に抹茶パフェや和甘味で休憩するのも楽しみです。

憧れの京懐石デビューは手頃なランチがおすすめ

ちょっと敷居が高そうだけど、やっぱり憧れる京懐石。
手頃なお昼のコースで、料理人の技が冴える季節の美味を味わいましょう。

店主との会話も楽しめるカウンター席なら、一人でも利用しやすい

ちょっと緊張…
ドキドキします

リラックスして
楽しんでくださいい

二条城周辺

きょうりょうり きよじろう

京料理 貴与次郎

旬のおいしさを素材と技術で表現

名旅館・柊家で料理長を務めた店主が営む京料理店。千利休が茶の湯に用いた柳の水を使い、素材の味わいを丁寧に引き出した料理は、繊細で美しい盛り付けでも楽しませてくれる。気さくで温かいもてなしも魅力的。

☎075-213-1313 住中京区油小路通三条上ル宗林町92 ⏰11時30分～13時最終入店、17時30分～20時最終入店 休月曜（祝日の場合は営業） 交地下鉄二条城前駅から徒歩5分 Pなし MAP付録P7B4

★夜は宝船コース9900円、ことぶきコース1万3200円、おまかせコース1万6500円～を用意

伝統を守りながら、時代の変化に合わせて新しい食材や調理法なども取り入れている

◀世界遺産・二条城から歩いて5分ほど。観光にも便利なロケーション ▲カウンターのほか、坪庭を望む掘りごたつ席や、個室も用意

お箸は"三手"で持ち上げると上品に見えます

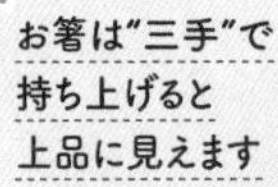

美しいお箸の持ち上げ方を覚えておきましょう。まず、右手の親指、人差し指、中指で上からつまんで取ります。左手をお箸の下に添えて支えます。右手を右から下へ滑らせて持ち直せば、完璧です！

五感で楽しみたい、繊細で美しい料理の数々

一

先付（さきづけ）
とろろ、わさびもずく、えびなどが入る。刻んだわさびの風味が決め手

→

二

煮物椀（にものわん）
京都の白みそを使った椀。やわらかに炊き上げたあわびの旨みが凝縮

→

三

向付（むこうづけ）
当日仕入れる鮮度抜群の刺身。写真は本鮪の赤身、天然ひらめ、生ゆば

→

四

御凌ぎ（おしのぎ）
葛と胡麻を練り上げた胡麻豆腐。とろりとした口どけが感動的

五

焼き物（やきもの）
ふっくら焼き上げたすずきの醤油焼きと、さっぱりひょうたんの梅漬け

→

六

炊合せ（たきあわせ）
輝く餡の中に、トマト饅頭やたこの柔らか煮、旬の野菜など盛りだくさん

→

七

御飯（ごはん）
オリジナルブレンド米とはまぐりの出汁が利いたおすましに香の物が付く

→

八

水物（みずもの）
シャーベットと和菓子がデザート。2種類楽しめるのがうれしい

※季節により献立は変わります

知っておきたい

京懐石を楽しむマナー

その1 予約をしましょう
京懐石のお店は基本的に要予約。日にちと時間が決まったら、早めに予約するのがベター。

その2 香水は控えましょう
繊細な京料理の風味を損なうので、匂いの強い香水や化粧品はできるだけ避けましょう。

その3 ゆっくり味わいましょう
食事の速度に合わせて料理を出してくれるので、焦る心配はなし！ 慌てずゆっくり味わって。

気楽にゆったり過ごしてくださいい

◆◇◆

ミニ懐石コース
6600円

先付から始まり、水物まで8品で構成される。旬の食材をふんだんに盛り込んだ、手間を惜しまない料理が堪能できる。

※昼はほかに夜と同じコースを注文することも可能。

◆◇◆

京都の地酒をはじめ、ワイン、焼酎など料理を引き立てるお酒も豊富なラインナップ。

1この日の先付は、焼き蕪、平貝、イクラの菊花あんかけ 2海老芋と原木なめこの白味噌仕立ては、甘さとコクが絶妙 3名物焼胡麻豆腐は、3年の構想を経て生まれたもの。おみやげ用1箱6個入り3780円もある 4向付は伊勢から直接届けられたクエのお造り。まずは藻塩でいただいてから醤油で

四条烏丸

じき みやざわ

じき 宮ざわ

美食家の心を掴む焼胡麻豆腐は絶品

吟味した食材で作られた京料理がリーズナブルにいただけると評判。「他店にないものを」との思いから考案された名物焼胡麻豆腐は、外は香ばしく中はとろけるような食感で、クセになる味わい。ご主人の修業時代からのコレクションである器も素敵。

☎075-213-1326（要予約）住中京区堺町四条上ル東側八百屋町553-1 ◷昼2部制12時～、13時45分～、夜18～19時 休水曜、不定休 交阪急烏丸駅から徒歩5分 Pなし MAP付録P13C3

★夜は1万3200円、1万9800円の2コース（要予約）※いずれも別途サービス料10%

6600円の昼コース

人気は先付、お椀、お造り、焼胡麻豆腐、温物、御飯などが堪能できる5500円のコース。素材や調理法が少しずつ異なる1万3200円のコースもあり。（要予約）

5骨董から作家ものまで揃う主人自慢の酒器 6大きな窓が広がる店内はカウンター10席のみ。料理人との会話も楽しみたい 7錦市場からすぐの立地で料亭風のたたずまいながら、気軽な雰囲気で人気

西京漬を懐石仕立てで

西京漬の名店「京都一の傳 本店」では、メインの西京漬と炊きたての土釜ご飯を懐石料理5800円で楽しめる。町家で伝統の美味を。☎075-254-4070 MAP付録P13C3

昼コース
4400円

丹波牛の炭火焼がメインに登場することもある。椀物・造り・季節の料理など全7品。6600円のコースもあり。(要予約)

京都御所周辺

にほんりょうりさかい

日本料理さかい

趣向をこらしたコースでお腹も心も大満足

閑静な住宅街のビルの1階に店を構える。店内に備長炭の炭火が用意され、魚や肉などを目の前で焼いて楽しませてくれる。旬の素材をふんだんに盛り込んだ料理は、一品一品満足感のあるボリューム。

☎075-231-6901 住中京区御幸町通丸太町下ル毘沙門町553 御幸町ビル1階 ⏲12～13時LO、18～20時LO 休水曜 交市バス停河原町丸太町から徒歩2分 Pなし MAP付録P14C3

★夜は8800円、1万1000円の2コース(要予約)

1 土鍋で炊かれたご飯は、焼きたての出し巻きと一緒に提供される 2 人気店が増えている京都御所南エリアの1軒。ひとりでも利用しやすい

四条烏丸

きょうりょうり きのぶ

京料理 木乃婦

豊かな発想が満載地元で愛されるミニ懐石

室町の旦那衆を、確かな味わいで満足させてきた名店。三代目が繰り出す料理は、京料理の伝統を受け継ぎながら、フレンチの料理法を取り入れるなど斬新な発想力にあふれる。料理と器との調和も素晴らしい。

☎075-352-0001 住下京区新町仏光寺下ル ⏲12時～13時30分LO、18時～19時30分LO 休水曜 交地下鉄四条駅から徒歩5分 P2台 MAP付録P13A4

★夜は1万7600円～3万4100円(要予約)

お昼のミニ懐石
6600円～(平日のみ)

八寸、蒸物、揚物、お造り、御椀、水物、炊合など料理内容はその日の仕入れにより変わる。1万1000円のコースもあり。(要予約)

1 その日の仕入れで料理を構成。締めのデザートのクレームブリュレまで楽しみが尽きない 2 京唐紙のしつらいで統一された店内は、モダンで落ち着いた雰囲気

懐石料理では、旬だけでなく出始めの「走り」や旬の終わりの「名残り」の食材も盛り込んで、移り変わる季節を愛でます。

華やかな彩りにうっとり 老舗のお弁当をいただく

京料理の技を凝縮し、旬の彩りと味わいを詰め込んだ京都のお弁当。味はもちろん、器にもお店それぞれの特色があり、まるで宝箱のようです。

時雨弁当
5500円
先付、季節の食材を使用した口取り、ご飯、椀物などを堪能できる
※季節により料理内容は変更

高台寺周辺

むげさんぼう さろん ど むげ

無碍山房Salon de Muge

カジュアルに味わえる老舗料亭の味

京都屈指の老舗料亭・菊乃井のそばに立つ。その名も風流な「時雨めし弁当」は先代から続く名物ランチメニュー。食後には抹茶パフェなどの甘味も注文可能。手入れが行き届いた美しい庭を眺めながら、ゆったりと味わうことができる。

☎075-561-0015(予約専用) 住東山区下河原通高台寺北門前鷲尾町524 ⏰時雨弁当（ランチ）は11時30分～13時最終入店、喫茶・和甘味は11時30分～17時LO 休火曜 交市バス停東山安井から徒歩10分 Pなし MAP付録P15B2
※料理はすべて要予約

★ランチのみの提供

四条河原町

しるこう

志る幸

愛され続ける老舗の“汁もの”

昭和7年（1932）創業。昼夜味わえる利久辯當（りきゅうべんとう）は、汁ものと季節のかやくごはんに、つまみ肴5品が付く。汁ものは白味噌・赤味噌・すましの3種類から選ぶことができ、おとしいもなど好みの具を追加することもできる。

☎075-221-3250 住下京区四条通河原町上ル一筋目東入ル ⏰11時30分～14時最終入店、17～20時最終入店 休火曜夜、水曜 交阪急京都河原町駅から徒歩3分 Pなし MAP付録P12E3

★利久辯當は昼も夜も3000円～で提供

利久辯當
3000円
扇をかたどったかやくご飯と、季節の食材を使ったつまみ肴がつく。写真の汁ものは、まろやかな味わいの白味噌

ひとくちサイズのお寿司で京を感じて

「花梓侘(かしわい)」の「つまみ寿司」には鯛の昆布締めや生湯葉などを使ったお寿司が並び、和菓子のようなかわいい見た目と本格的な味わいが楽しめる。15貫3564円。☎075-491-7056 MAP付録P9C2

手をけ弁当
4000円
(前日まで予約可)

季節によって内容が変わる手桶のご馳走に、ご飯と赤だしも付く。料理はお酒との相性もいいと評判だ

✣メニュー一例✣
炊き合わせ(南瓜、生麸など)/焼き魚/車海老/だし巻　約17品

岡崎

六盛(ろくせい)

特製手桶で届く実りのご馳走

明治32年(1899)創業。2代目当主が考案した「手をけ弁当」は、人間国宝の匠が作った美しい手桶に旬の味を贅沢に盛り込んだ逸品。手をけ料理をコースに盛り込んだ今月のおすすめ料理「月コース」9680円なども好評。

☎075-751-6171 住左京区岡崎西天王町71 ⏰11時30分～14時、17～21時 ※お弁当のみは14時まで 休月曜(祝日の場合は翌日) 交市バス停東山二条・岡崎公園口から徒歩5分 P7台 MAP付録P16A3

★夜のお弁当は1万3310円～、会席は1万8975円～、コースは1万1000円～ ※要予約

河原町

彩席ちもと(さいせきちもと)

文化人に愛され続ける料亭の味をお手頃に

創業から変わらず300年、京の街に店を構える料亭・京料理ちもとの姉妹店。品数豊富な彩点心は3080円とリーズナブル。昼のコース(5500円～)すべてに付く名物料理の玉子宝楽は、茶碗蒸しにふわふわなスフレをのせて焼き上げた一品。

☎075-606-5200 住下京区西石垣通四条下ル(四条大橋西詰) ⏰11時30分～14時LO、17～20時LO 休月曜(祝日の場合は翌日) 交市バス停四条河原町から徒歩3分 Pなし MAP付録P12E3
★全メニューの内容は月替り。夜のコース8800円～

彩点心
3080円

煮物や焼き魚、生麩など13～15品目が彩り豊かで目にも楽しい。人気の玉子宝楽も付いて大満足

✣メニュー一例✣
点心(生麩田楽、野菜炊き合わせなど月替わり)/玉子宝楽/ご飯/赤だし/水物　13～15品

彩り鮮やか二重弁当
2200円

輪島塗の弁当に15品前後の料理が入る。できたての茶碗蒸しが付くのもうれしい

✣メニュー一例✣
焼物/焚物/造り2種/だし巻/自家製胡麻豆腐/茶碗蒸し/ご飯/赤だし　約15品

寺町

寺町 西むら(てらまち にしむら)

リーズナブルで充実の京弁当

寺町商店街にある和食割烹。鮮魚や野菜、お米など、できる限り地元食材を使用することにこだわり、季節感あふれる料理を提供。昼の弁当のほか、おまかせコース4950円～など、お値打ちながら充実の内容が楽しめる。

☎075-254-8154 住中京区寺町二条下ル榎木町98-9アンリービル1階 ⏰11時30分～13時30分LO、17～19時LO 休不定休 交地下鉄京都市役所前駅から徒歩3分 Pなし MAP P14C4

★夜はおまかせ5500円、京会席6600円、季節の会席8800円の3コース

お弁当の定番・松花堂弁当は、「寛永の三筆」に数えられる江戸初期の文化人で僧侶の松花堂昭乗(しょうじょう)の名に由来するそう。

まろやかな味わいに感動！豆腐・湯葉・麩づくし

やさしい味わいと食感が人気の豆腐・湯葉・麩は京グルメの代表格。
定番の湯豆腐からアレンジ料理まで、変幻自在なおいしさにハマります。

ゆば料理 5070円
湯葉さしみ、東寺湯葉、湯葉の唐揚げといった湯葉・豆腐料理などが15種類付く

河原町

たごと

田ごと

季節感に心を配る上品な湯葉づくし

創業は明治初期。四季折々の食材を生かした京料理をリーズナブルにいただける。人気の「ゆば料理」には錦市場の専門店の湯葉を使い、湯葉についてのこだわりを体現した、多様なメニューを存分に堪能できる。

☎0120-307-361 住下京区四条河原町西入ル御旅町34 ⏰11時30分～15時、17～20時 休水曜 交阪急京都河原町駅からすぐ Pなし MAP付録P12D3

1 和の趣を留めた落ち着いた空間にテーブルをゆったり配置。ほかに半個室タイプの和室も 2 四条通に面したビルにありながら、路地を伝っていく奥ゆかしい店構え

清水寺周辺

そうほんけゆどうふ おくたんきよみず

総本家ゆどうふ 奥丹清水

江戸時代から受け継ぐ昔どうふ

創業から380年を超える老舗。厳選した国産豆腐を使い、昔ながらの製法で手作りされる昔どうふは、大豆の濃厚な風味とどっしりとした食感が特徴。ひと口目はぜひそのままで味わって。

☎075-525-2051 住東山区清水3-340 ⏰11時～16時30分（土・日曜、祝日は～17時30分）※季節により延長あり 休木曜 交市バス停清水道から徒歩6分 Pなし MAP付録P15B3

昔どうふ一通り 4400円
できたての昔どうふの湯豆腐に、木の芽田楽や胡麻豆腐、精進天ぷらなどが付く

約600坪もの庭園を眺めながら食事できる。秋は紅葉も楽しめる

季節に合わせて
お麩のモチーフも
変わります。

老舗の豆腐饅頭と豆乳ラテ

「総本家ゆどうふ奥丹清水店」では、味付けおからが入った豆腐饅頭と、自家製豆乳ラテのセットを販売。アイスは605円、ホットは715円。 ☎075-525-2051 MAP付録P15B3

五条

はんべえふ

半兵衛麸

京麩一筋330余年、老舗の味に感動

元禄2年（1689）から続く京麩の老舗。厳選素材で丁寧に作られた製品が並ぶ店舗の奥に茶房（要予約）を構え、さまざまなアレンジで、季節ごとの麩や湯葉が楽しめる料理を提供。

☎075-525-0008（要予約）住東山区問屋町通五条下ル上人町433 ⏰11～16時（最終入店は14時30分、販売は10～17時）休水曜 交京阪清水五条駅からすぐ Pなし MAP付録P4D2

むし養い料理 4400円
生麩のしぐれ煮や生麩田楽など、工夫を凝らした麩と湯葉の料理が並ぶ

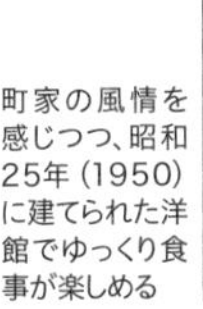

町家の風情を感じつつ、昭和25年（1950）に建てられた洋館でゆっくり食事が楽しめる

知恩院周辺

とうふりょうり れんげつぢゃや

豆富料理 蓮月茶や

こだわり豆腐のフルコース

神宮道沿いにある豆腐料理店。100年以上前に建てられた風情ある建物で、店名の由来である幕末の歌人・蓮月尼の好物だった豆腐を、湯豆腐やグラタンなどさまざまな料理で楽しめる。

☎075-561-4589 住東山区神宮道知恩院北入ル ⏰11時～13時30分LO、17時～19時30分LO 休火・水曜 交市バス停知恩院前から徒歩5分 Pなし MAP付録P10F1

とうふ料理コース（昼）3740円
湯豆腐、滝川豆腐、豆腐グラタンなど、ボリューム満点な全10品

豆腐は東山の老舗「山崎豆腐」のものを使用。3名以上なら個室も利用できる

高台寺周辺

はなさき まんじろう

花咲 萬治郎

京料理の技が光る昼の点心に舌鼓

築120年の町家で四季折々の京料理を提供。昼の定番として人気の高い「麩麺点心」は、麸を練り込んだ麩麺をはじめ、前菜からデザートまで麩&湯葉づくしの内容。

☎075-551-2900 住東山区高台寺北門前通下河原東入ル鷲尾町518 ⏰11時30分～14時LO、17時30分～20時LO 休不定休 交市バス停東山安井から徒歩5分 Pなし MAP付録P10E3

麩麺点心 3850円
湯葉と水菜のごま和えや麩まんじゅうなど、少しずついろいろな味が楽しめる

手入れの行き届いた庭がよく見える席も設け、町家の趣を大切にした空間

半兵衛麸には、笹巻麩5個入り1242円という大人気のお菓子も。こし餡を包んだ生麩のおまんじゅうです。

手軽でおいしい丼ものは地元でも愛される京の味

観光地めぐりの合間にさっと食べられて、しかもおいしい丼もの。歴史とこだわりが詰まった一杯は、地元でも愛される庶民派グルメです。

上品な甘みがクセになる京風そば

ニシンの煮汁がしみ出た甘口つゆが美味

にしんそば 1300円

岡崎

かわみちやようろう

河道屋養老

ゆったりと立派な日本庭園を眺めながらそばがいただける、明治時代創業の老舗。湯葉や生麩など京都の食材尽くしのそばすき「養老鍋」4200円や、にしんそばが人気。

聖護院門前の西側に立つ重厚な建物

☎075-771-7531 住左京区聖護院西町2 🕒11～19時LO 休火曜 交市バス停熊野神社前からすぐ P1台 MAP付録P16A2

祇園

ごんべえ

権兵衛

南座に出演する俳優さんや芸妓さん、舞妓さんにも親しまれる麺処。宇佐のカツオと羅臼の昆布でしっかりとっただしは、ザ・関西風。そばとうどんのほか、親子丼も人気。

祇園の老舗らしいたたずまいだが、気軽に入れる

☎075-561-3350 住東山区祇園町北側254 🕒11時30分～19時45分LO 休木曜 交京阪祇園四条駅から徒歩5分 Pなし MAP付録P11C2

鶏とだしの旨味がたっぷり！

だしと鶏のコク深い旨味が口の中で広がる

鳥なんばうどん 1300円

売切れ御免の名作カレーうどん

だし同様、牛肉と揚げ、ネギのコンビも絶品

特カレーうどん 1100円

南禅寺周辺

ひのでうどん

日の出うどん

有名人も地元人も足繁く通うカレーうどんの有名店。スパイスから練り上げるオリジナルルーが味の決め手で、麺（そば・中華めん）と辛さを選べるのがうれしい。

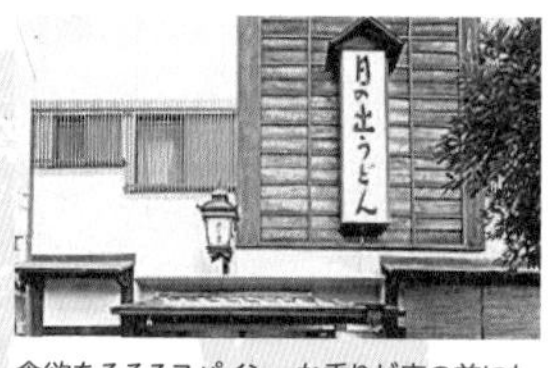

食欲をそそるスパイシーな香りが店の前にも

☎075-751-9251 住左京区南禅寺北ノ坊町36 🕒11～15時 休日曜 交市バス停南禅寺・永観堂道から徒歩5分 Pなし MAP付録P16C3

こってり味の老舗京都ラーメン

京都ラーメンの元祖「ますたに」。背脂が多めのとりがら醤油に背脂ちゃっちゃっ系で、根強い人気を誇っています。☎075-781-5762(北白川本店) MAP付録P16B1

上質な鶏と玉子の贅沢な味わい

生卵をくずしながらふわとろ食感を堪能!

親子丼　800円

祇園

とりしん

とり新

老舗鶏料理店「鳥新」の店主が、ランチ限定で作る親子丼のお店。厳選された鶏のムネ肉とモモと、たっぷり2.5個分の玉子を使用した贅沢な一杯を楽しんで。

水炊きの老舗として知られる「鳥新」に併設

☎075-541-4857 住東山区祇園縄手四条上ル 🕒12~14時、18~22時 休木曜 交京阪祇園四条駅から徒歩3分 Pなし MAP付録P11B1

河原町

きょうごくかねよ

京極かねよ

100年の歴史をもつウナギ専門店。外は香ばしく中はふんわりと職人が焼き上げる蒲焼の上に、だし巻がのったきんし丼は、ここだけでしか食べられない逸品。

昔懐かしい大正レトロな建物も名物

☎075-221-0669 住中京区六角通新京極東入ル松ヶ枝町456 🕒11時30分~15時LO、17~20時LO 休火曜の夜、水曜 交市バス停河原町三条からすぐ Pなし MAP付録P12D2

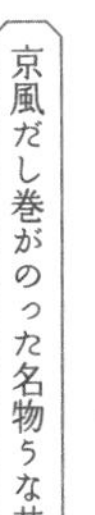

京風だし巻がのった名物うな丼

タレが絡んだウナギに玉子がベストマッチ!

きんし丼(並)　2800円

大きなサクサク穴子が贅沢

1人前に穴子1匹半を使用。外サクッ、中フワッ!

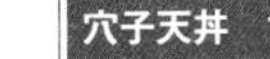

穴子天丼　1450円

祇園

てんぷら てんしゅう

天富良 天周

祇園の中心地に立つ天ぷら専門店で、昼はボリュームたっぷりの丼、夜はコース料理を提供。昼は穴子天丼のほか、かき揚げ天丼1800円やミックス天丼1850円も。

天丼目当ての人で昼は行列ができることも

☎075-541-5277 住東山区祇園町北側244 🕒11~14時、17時30分~21時Lo 休無休 交京阪祇園四条駅から徒歩2分 Pなし MAP付録P11B2

「京極かねよ」で毎月最終月曜に開かれる落語会。チケットは丼代というお得さで、毎回予約がとれないほどの盛況ぶりです。

京都のおウチごはん おばんざいを召し上がれ

“普段のおかず”だからこそ、気取らずにもりもり食べたいおばんざい。地元で愛される定番からお店独自のアレンジものまでいろいろ揃います。

おばんざいって？
京都の家庭で日常的に食べられているお惣菜のこと。漢字では「いつもの」という意味の「番」を用いて「お番菜」と表される。野菜や魚は手頃な旬の素材を活用するのが基本。

四条烏丸

おかずや いしかわ

お数家 いしかわ

ほっと心が和む路地奥の隠れ家

長家を改装した路地奥のモダンな雰囲気のお店。地物や旬の野菜を使ったおばんざいは、家庭的でやさしい味わい。シメには初産み卵を使った滋味深い玉子かけごはん450円がおすすめ。

☎075-344-3440 住下京区高倉通四条下ル高材木町221-2 ⏰17～21時LO 休水曜 交地下鉄四条駅から徒歩6分 Pなし MAP付録P13B4

カウンターのおばんざいを含め料理は90種以上

ゴーヤととうもろこしのサッパリあえ 630円

ししゃもの南蛮漬け 630円

イカと茄子のスタミナ炒め 650円

お料理memo
メニューには旬の地物野菜を使用している。わが家に帰ったようにほっとする家庭的な味。

おじゃこと万願寺の炊いたん 580円

生ゆばお造り 880円

地鶏と生麩べっこう煮 880円

お料理memo
女性ならではの発想を盛り込んだ料理は、素材のもつ色味や舌ざわりにもこだわりぬいた逸品。

木屋町

あおい

あおい

気さくな女将と絶品メニューが大人気

定番の一品からアイデアが詰まった創作メニューまで、旬の京都の食材を生かして丁寧に仕込んだおばんざいがズラリと並ぶ。気立てのいい女将さんのおもてなしも評判の理由。人気店ゆえ、予約する方がベター。

☎075-252-5649 住中京区材木町181-2 ニュー京都ビル1階奥 ⏰17～22時LO 休月曜（日曜、祝日は不定休）交京阪三条駅から徒歩5分 Pなし MAP付録P12E2

温かい雰囲気にひかれて、リーピーター客も多い

八百屋さんの新鮮野菜おばんざい

錦市場で八百屋を営む「池政」による割烹「いけまさ亭」。旬の野菜をたっぷり使用したおばんざいがいただける。名物のかき揚げ丼1000円のほかおばんざい定食1700円も。☎075-221-3460 MAP付録P13C3

四条烏丸

むかでや
百足屋

懐石仕立ての洗練された味わい

京都の伝統的な家庭料理をご馳走へと昇華させたオリジナルのおばんざい懐石は、旬の食材を使用した洗練された味わいや盛り付けが特徴。おくどさん（台所）の竈で蒸された名物の黒豆おこわを古都の雰囲気漂う京町家で味わって。

☎075-256-7039 住中京区新町通錦小路上ル百足屋町381 ⏲11～14時LO、17～20時LO 休水曜 交地下鉄四条駅から徒歩7分 Pなし MAP付録P13A3

風情あるお庭を眺めながらお食事をいただける1階「蔵前」のお席

※メニューはすべて昼の百足屋弁当3300円から。内容は季節によって変わる

河原町

すみか ほんてん
棲家 本店

多彩な旬菜をお酒と共に堪能

先斗町から四条河原町へ移転し、リニューアルオープン。契約農家から仕入れた四季折々の京野菜を使ったおばんざいを常時6～8種類揃え、650円～で提供。カウンター席のほか、くつろげるソファ席や掘りごたつ式の半個室も。

☎075-212-2102 住中京区紙屋町370-1-14 2F ⏲18時～翌0時30分LO 休不定休 交阪急京都河原町駅から徒歩3分 Pなし MAP付録P12E3

焼酎も豊富に揃う、バー感覚のシックな雰囲気

おばんざいはカウンターに並ぶ鉢を見て選びましょう。カウンター席で材料や作り方を教えてもらうのもいいですね。

京素材の欲ばりコラボ！あの店自慢の絶品和パフェ

京都には抹茶やきな粉、黒蜜などの和素材を使ったスイーツが目白押し。それらをあれこれ味わえる、人気店のイチ押しパフェをセレクトしました。

きななハポン
1600円
3種のきな粉アイスや白玉などがてんこもり

自家製きな粉アイスを堪能

きなこクッキー
600円
丹波黒大豆のきな粉をブレンドした素朴な味わい

祇園
ぎおんきなな
祇園きなな

丹波黒大豆をベースにしたきな粉と厳選素材によるきな粉アイスの専門店。町家を生かした店内でアイスやパフェなどのきな粉スイーツをゆっくりと。

☎075-525-8300 住東山区祇園町南側570-119 ⏰11時～17時30分LO 休木曜 交市バス停祇園から徒歩7分 Pなし MAP付録P11C3

慎ましやかな町家の2階は喫茶用のテーブル席

祇園
さりょうつじり ぎおんほんてん
茶寮都路里 祇園本店

宇治茶の老舗「祇園辻利」が営む甘味処でパフェ目当ての行列が日常。クリームやゼリーなど素材ごとに異なる食感の抹茶を堪能できる。

☎075-561-2257 住東山区祇園町南側573-3祇園辻利本店2·3階 ⏰10時30分～20時（19時LO）※変更の場合あり 休無休 交市バス停祇園から徒歩3分 Pなし MAP付録P11C2

純和風に設えられた居心地のいい店内

絶大な人気の王道和パフェ

特選都路里パフェ-抹茶-
1694円
7種類の抹茶素材が一杯に凝縮

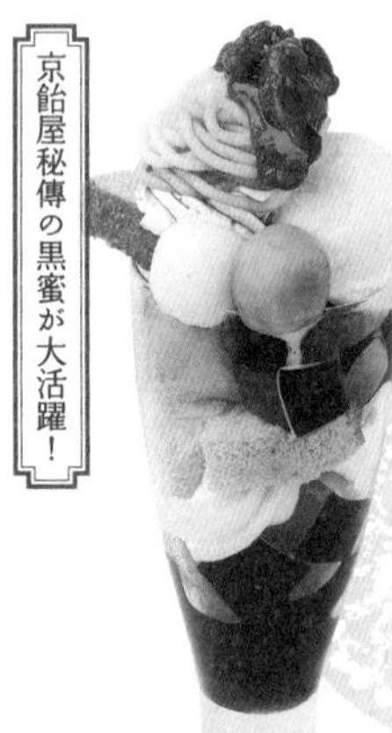

京飴屋秘傳の黒蜜が大活躍！

黒糖シフォンパフェ
1400円
黒蜜シフォンケーキにお濃茶アイスがマッチ

祇園
かでんきょうあめ ぎおんこいし
家傳京飴 祇園小石

伝統的な直火釜炊きによる京都らしい上品な甘みの飴を提供。併設の茶房では、沖縄産の黒砂糖を使った"秘傳の黒蜜"が中心の自家製スイーツが味わえる。

☎075-531-0331 住東山区祇園町北側286-2 ⏰10時30分～18時（17時30分LO） 休無休 交市バス停祇園からすぐ Pなし MAP付録P10D2

祇園の芸舞妓さんにもおなじみの甘味処

無碍山房 Salon de Mugeのぜいたくな抹茶パフェ

料亭菊乃井の茶房（☞P104）。飲む抹茶の約4倍もの抹茶粉を含むなめらかなアイスを使った濃い抹茶パフェ1980円は、通も唸らせる味わい。☎075-744-6260 MAP付録P15B2

和菓子由来の上質な味わい

黒蜜きな粉パフェ
1320円
コクのある黒蜜やきな粉ペーストが美味

四条烏丸
わかふぇ いおり
和カフェ イオリ

代表銘菓どら焼で知られる京菓子の老舗「笹屋伊織」プロデュース。抹茶や小豆、黒豆など最高級の和菓子の素材を生かしたスイーツやランチなど幅広いメニューが味わえる。

大丸京都店の地下にあるモダンな空間

☎050-5785-1631 住下京区四条通高倉西入ル立売西町79大丸京都店地下1階 ⏰11～18時LO 休施設に準ずる 交地下鉄四条駅から徒歩2分 P約680台 MAP付録P13B3

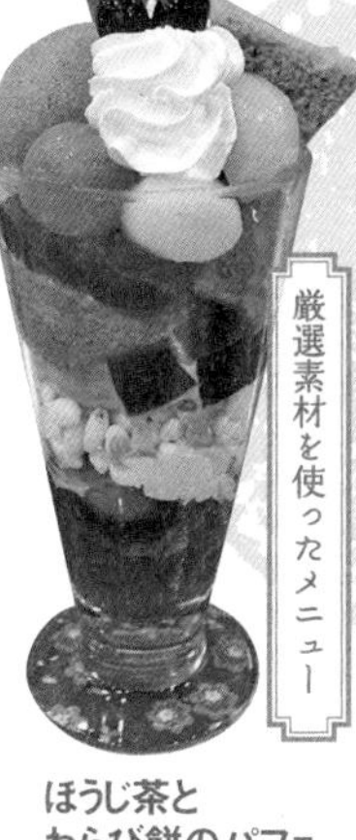

厳選素材を使ったメニュー

ほうじ茶とわらび餅のパフェ
1350円
手作りのわらび餅入り

河原町
わかふぇ きのね
和カフェ 季の音

日本茶や和パフェ、和柄を用いたコースターなど、隅々まで京都らしさにこだわったカフェ。季節の味を楽しみながら至福のひとときを過ごしてみては。

☎075-213-2288 住中京区河原町通四条上ル米屋町384くらもとビル4階 ⏰12時～18時30分（18時LO） 休火曜 交阪急京都河原町駅からすぐ Pなし MAP付録P12E3

抜群の立地条件ながら落ち着いた雰囲気のお店

祇園
きんのゆりてい
金の百合亭

春の桜、秋の紅葉など、四季の移ろいを巧みに表現した創作抹茶パフェが人気。練り切りや羊羹は自家製を使用するなど、細部にまでこだわる。

☎075-531-5922 住東山区祇園町北側292-2 2階 ⏰12～18時（17時最終入店、17時30分LO） 休水・木曜 交市バス停祇園からすぐ Pなし MAP付録P10D2

カウンター席の向こうには八坂神社の西楼門

季節を映したパフェを

季節の抹茶パフェ
1230円
梅雨の季節に登場する『紫陽花』

下鴨
さぼう いせはん
茶房 いせはん

添加物不使用の手作り甘味を提供する、落ち着いた雰囲気の茶房。抹茶アイス、抹茶ゼリー、つぶ餡などすべて自家製の食材を使ったパフェは幅広い年代に親しまれる。

☎075-231-5422 住上京区河原町通今出川上ル青龍町242 ⏰11～18時 休火曜 交市バス停河原町今出川から徒歩3分 Pなし MAP付録P6D1

鴨川や下鴨神社に近く、ひと休みに最適

老若男女に人気の京素材パフェ

いせはんパフェ
1500円
上品な味わいのミルクソフトがのっている

人気のカフェや甘味処は14時頃から夕方が行列のピーク。なるべく並びたくないという人は午前中をねらって。

あの店のあの味を目指して 感動必至の京スイーツ

京都に来たからには、絶品とウワサの和甘味ははずせません。
さすが京都！と多くの人を唸らせる甘味処へ、行列覚悟で向かいましょう。

琥珀流し 850円
月替わりの蜜がかかる寒天は、あと味さわやか ＊価格変更の可能性あり

四条烏丸

だいごくでんほんぽろっかくみせ せいえん

大極殿本舗六角店 栖園

老舗で味わう本物の手づくり京菓子

明治18年（1885）創業の京菓子の老舗。築140余年の京町家で味わう琥珀流しは、春は桜蜜、秋は栗蜜などが月替わりで楽しめる。四季の移ろいを感じさせてくれる空間を満喫しよう。

☎075-221-3311 住中京区六角通高倉東入堀之上町120 ◷10～17時LO 休水曜 交地下鉄四条駅から徒歩7分 Pなし MAP付録P13C2

1古都の雰囲気を醸し出す、町家を利用した店舗 2季節に合わせて掛けかえられるのれんの柄にも注目

抹茶スフレ 1100円
丸久小山園（☞P75）の宇治抹茶を使ったソースと生クリームを絡めて

岡崎

すふれあんどかふぇこーなー さてい

スフレ&カフェコーナー 茶庭

ふわふわ食感のスフレに抹茶ソースをたっぷりと

フランスで生まれたお菓子・スフレの専門店で、「京料理 六盛」内で営業している。常時4種類、さらに月替わり2～3種のスフレが揃う。注文を受けてから焼き上げるので、ふわっと膨らんだ焼きたてを常に味わうことができる。

☎075-751-6171 住左京区岡崎西天王町71 ◷14～17時LO 休月曜（祝日の場合は翌日）交市バス停東山二条・岡崎公園口から徒歩10分 P7台 MAP付録P16A3

1くつろぎの時間が流れる、和テイストの空間 2自然あふれる岡崎観光のひと休みにおすすめ

抹茶好きにはたまらない高級抹茶使用のスイーツ宝箱

老舗茶園の高級抹茶を使用した、濃厚な味わいのスイーツが話題の「茶筅」。お抹茶玉手箱スイーツ1980円は、箱を開けると煙に見立てた湯気が舞い上がる演出。中身の7種類は月替り。☎075-352-3401 MAP付録P5C3

徳屋の本わらびもち 1450円

上質な和三盆を練りこんだわらびもちは、国産の本わらび粉を使用

あんみつ 770円

黒蜜・白蜜・和三盆蜜の中から好みの蜜を一つ選ぶことができる

祇園

ぎおんとくや

ぎおん徳屋

花見小路で甘いものタイム。ちょっぴり雅なひとときを

花街・祇園の歌舞練場近くにある甘味処。とろけるようでいて弾力のある食感と上質素材にこだわった、練りたての本わらびもちが名物。できたてのアツアツを氷とともに盛り付けるのは、一番おいしい瞬間を堪能してもらうため。

☎075-561-5554 住東山区祇園町南側570-127 ⏰12～18時 休不定休 交京阪祇園四条駅から徒歩5分 Pなし MAP付録P11C3

1 新しく清潔感のある店内には、舞妓さんのうちわも多数飾られている 2 舞妓さんも訪れる、祇園の花街にたたずむ店舗

西陣

さろん たわらや

茶ろん たわらや

老舗「俵屋吉富」の真髄、季節の甘味を味わう

京菓子の老舗・俵屋吉富に併設された、隠れ家的なサロン。白を基調とした落ち着いた雰囲気の店内で、大きな寒天の上に白と抹茶の白玉がのったユニークなあんみつや、生菓子付きのお抹茶セット770円などのメニューが味わえる。

☎075-411-0114 住上京区寺之内通小川西入ル宝鏡院東町592 ⏰10～16時 休火曜 交市バス停堀川寺ノ内から徒歩3分 P1台 MAP付録P9B4

1 テーブル6席のみのこぢんまりとした店内 2 三千家で知られる茶道の聖地・寺之内にある

個性とバラエティに富んだ京都の和甘味。宮中や茶道にゆかりの深い土地だからこそ味わえるおいしさです。

まどろむように過ごしたい 古きよき時代のレトロ喫茶

昭和初期から現代まで、ずっと変わらずに愛され続けるレトロな喫茶店。
日常を忘れるようなクラシカルな空間に身をゆだねて、旅のひとときを過ごしましょう。

1店を彩る洋画家・東郷青児の絵画や彫刻家・池野貞春の木彫にうっとり 2東郷青児の絵があしらわれたタンブラー 3ブドウのモチーフがあちこちに。窓際にはガラスのブドウがきらきら輝く

河原町

きっさそわれ

喫茶ソワレ

静かな語らいが似合う ほの蒼い芸術的空間へ

昭和23年（1948）創業。フランス語で夕暮れ・夜会を意味する店名の通り、幻想的なブルーの照明に浮かぶ空間は月明かりに照らされているかのよう。壁一面を飾る東郷青児の美人画や、随所に施された装飾性豊かな木彫も見応えたっぷり。

☎075-221-0351 住下京区西木屋町通四条上ル 時13～18時LO（土・日曜、祝日は～18時30分LO） 休月曜 Pなし 交阪急京都河原町駅からすぐ MAP付録P12E3

お店の前にはソワレを愛した歌人・吉井勇の歌碑が

ソーダ水に5色のゼリーが入ったゼリーポンチ750円

レトロかわいい
乙女喫茶の殿堂へ
まいりましょう

鳥や花などがあしらわれたドアが可愛らしい喫茶「静香」。タイル張りカウンターなど店内も懐かしい雰囲気。人気は、2色のクリームが特徴のフルーツサンド1000円。☎075-461-5323 MAP付録P7A1

河原町

ふらんそあきっさしつ

フランソア喫茶室

まるで美術館のような洋館の喫茶室

昭和9年（1934）の創業当時、芸術家や文学青年が集い語り合った喫茶店。店内には気品あふれる調度品やシャガールなどの名画が飾られている。ビロードの椅子に腰かけ、思い思いの時間を過ごしたい。

☎075-351-4042 住下京区西木屋町通四条下ル船頭町184 ⏰10～22時 休無休 Pなし 交阪急京都河原町駅からすぐ MAP付録P12E4

1ドーム型の天井が印象的な、さまざまな様式を取り入れたヨーロッパ風建築。創業から90年経つ今も、特別な気品をたたえている 2レアチーズケーキセット1350円 3創業当時、文化人たちが集ったサロン

1ロシア伝統のサモワール（茶器）など、高級感漂うアンティークの置物やインテリアに囲まれた店内 2てっぺんのチェリーが乙女チックなムースケーキ750円（ドリンクとセットの場合は+500円） 3河原町通から入った細い路地に立つ

河原町

つきじ

築地

トビラの向こう側に広がるクラシカルな別世界

繁華街の路地にあるレトロな喫茶店。静かに流れるクラシック音楽を聴きながら、クリーミーな味わいのウィンナーコーヒー700円をいただけば、中世のヨーロッパにタイムスリップしたような心地に。

☎075-221-1053 住中京区河原町四条上ル東入ル ⏰11～17時 休無休 Pなし 交阪急京都河原町駅から徒歩2分 MAP付録P12E3

市役所前

すまーとこーひーてん

スマート珈琲店

美空ひばりも通った元祖ハイカラ喫茶

昭和7年（1932）に洋食店として開業、文化人や有名人で賑わった往時の面影が店のそこここに残る。苦味と酸味のバランスが絶妙な自家焙煎の豆を使ったブレンドコーヒー600円は、創業時から変わらない味。

☎075-231-6547 住中京区寺町通三条上ル ⏰8時～18時30分LO 休無休 Pなし 交地下鉄京都市役所前駅から徒歩3分 MAP付録P12D1

1スイスの山小屋をイメージした店内で、飴色に光るドイツ製の振り子の掛け時計が時を刻んでいる 2昭和の大スター、美空ひばりも愛したホットケーキ750円 3ガラス越しに落ち着いた雰囲気がうかがえる

昭和初期、お店に集ったのは主に学生。京都に喫茶文化が深く根づいた理由の一つは、学生の街だからだといわれています。

朝だけのお楽しみ 地元で評判のおいしい朝食

カフェでのんびり、和食でゆったり、どんな朝を過ごしましょう？
朝が早い京都では、朝食が楽しめるお店のバリエーションも豊富です。

京の朝食 1780円

特製ハムとふわふわの玉子が自慢、パンも付いてボリューム満点

三条烏丸

いのだこーひほんてん

イノダコーヒ本店

京都を代表する老舗喫茶店で朝から元気をチャージ！

昭和15年（1940）創業、地元で愛され続ける老舗喫茶店。高級ホテルのような空間でスマートな接客とともにいただく朝食は、素敵な一日の始まりに。☎075-221-0507 住中京区堺町通三条下ル道祐町140 🕒7～18時（モーニングは11時LO） 休無休 交地下鉄烏丸御池駅から徒歩5分 P提携あり MAP付録P13C2

1シックで落ち着いた趣ある空間が広がる 2コーヒー豆を連想させる、ブラウン一色のレトロな雰囲気の店先

市役所前

しんしんどう おいけてん

進々堂 御池店

パンとコーヒーでさわやかモーニング

御池通に面した、白が基調の広くて開放的な店内。市内の工場から直送されるフレッシュなパンや、ドリンクなどの種類豊富なカフェメニューを味わえる。☎075-213-3033 住中京区御池通柳馬場東入ル東八幡町579「京都御池創生館」1F 🕒7時30分～16時LO（ショップは～19時） 休無休 交地下鉄烏丸御池駅から徒歩2分 Pなし MAP付録P13C1

1日が差し込む気持ちよい店内は、ついつい長居してしまう 2大通りに面し、オープンテラスのような店先

スクランブルエッグセット 900円（ドリンク付き）

塩分控えめのパン「醍醐味」を使用したトーストのワンプレート

朝がゆ 5445円

適度に粒感を残した粥。12月～3月15日はうずら粥になる ※要予約

南禅寺周辺

ひょうてい べっかん

瓢亭 別館

祇園帰りの旦那衆が愛した目覚めの朝粥

約450年前創業の京都を代表する老舗料亭。名物の朝がゆは、朝まで祇園で遊んだ旦那衆のために明治初期に誕生。葛餡でいただく粥や一子相伝の瓢亭玉子など、充実の内容。昼の松花堂弁当7260円もおすすめ。☎075-771-4116 住左京区南禅寺草川町35 🕒8～11時（10時LO）、12～16時（14時30分LO） 休木曜 交地下鉄蹴上駅から徒歩5分 P5台 MAP付録P16B4

1大きな窓があり、開放的な雰囲気。テーブル席のため、気軽に利用できる 2料亭初心者でも訪ねやすい別館。趣のある佇まい

朝食専門の和食店で
丁寧な仕事が光る
コース形式の朝食を

祇園の路地の一角に佇む「朝食喜心kyoto」。喜心の朝食3300円では、土鍋で炊くご飯や3種類から選べる汁物などをコース形式で味わえる。☎075-525-8500 MAP付録P11C3

あさげ・朝粥 3500円

ふっくらと焼いた焼き鮭や人気の出し巻き玉子など

御所周辺

きょうとぶらいとんほてる きょうかいせき ほたる

京都ブライトンホテル 京懐石 螢

開業以来変わらぬ味が人気の朝食

丁寧にだしをとった出し巻き玉子や季節の炊き合わせ、焼き鮭におつけものなど厳選した食材を使用した自慢の朝食「あさげ・朝粥」。旅の疲れを癒す、朝の贅沢なひとときを。☎075-441-4411(代) 住上京区新町通中立売(御所西) 営7時～9時30分LO、11時30分～14時30分LO、17時～20時30分LO 休無休 交地下鉄今出川駅から徒歩8分(烏丸御池駅よりシャトルバスあり) P103台 MAP付録P7C2

1 京都らしい落ち着いた店内でゆっくり過ごせる 2 京都ブライトンホテル1階にある

下鴨

こーひー はうす まき

COFFEE HOUSE maki

創業45年のコーヒー専門店のパンを器に見立てたメニュー

分厚いふわふわの食パンをくり抜いた中には、ロースハムやゆで卵などのサラダがたっぷり。自家焙煎のブレンドコーヒーと共に召し上がれ。☎075-222-2460 住上京区河原町今出川上ル青龍町211 営8時30分～17時(モーニングは12時LO) 休火曜 交京阪出町柳駅から徒歩5分 P 4台 MAP付録P6D1

1 鴨川を望む店内は開放的でゆったりとした時間が流れる 2 河原町通に面したお店は、前を通るとコーヒーのいい香りが

モーニングセット780円

サラダにかけられた自家製ドレッシングは、とてもやさしい味わい

炭焼きトースト 糀バター、目玉焼きとポテト入りソーセージ 1500円

京都産小麦食パンと全粒粉パンから選択。提供は～11時

四条烏丸

おがわこーひー さかいまちにしきてん

小川珈琲 堺町錦店

京都の人気珈琲店の新たな展開が話題

京都の珈琲文化をリードする珈琲店。エシカルコーヒーや京都産食材を使ったメニューの店内など、サステナブルな活動にも積極的。京町家をモダンに改装した店内もすてき。☎075-748-1699 住中京区堺町通錦小路上ル菊屋町519-1 営7～20時(19時30分LO) 休無休 交地下鉄四条駅から徒歩6分 P MAP付録P13C3

1 坪庭の緑を眺めながら過ごせる 2 2階にはTO GOスペースを用意

百万遍の手づくり市や大原ふれあい朝市、東寺の弘法市など、京都の朝を満喫するなら名物市もチェックしてみて。

新旧の人気ベーカリーが大集結 名物パンをほおばる幸せ

全国でパンの消費量第1位になったことがあるほど、パン好きが集う街・京都。朝ごはんにもおやつにもぴったりの人気ベーカリーをご紹介します。

○素朴でほっとする味のコッペパン

四条大宮

まるきせいぱんしょ

まるき製パン所

昭和22年（1947）創業の有名老舗ベーカリー。昔ながらの対面販売で、看板商品のハムロールをはじめ、惣菜系やスイーツ系など20種ほどが揃うコッペパンにファン多数。

焼きそばパン ¥260

ハムロール ¥200

☎075-821-9683 住下京区松原通堀川西入ル 🕒6時30分～20時（日曜、祝日は6時30分～14時）休月曜 交市バス停大宮松原から徒歩3分 P2台 MAP付録P5B1

だいたいお昼ごろに、全種類のコッペパンが出揃う

○全店で1日1万個売れるご当地パン

三条河原町

しづや さんじょうてん

志津屋 三条店

京都府下に21店舗を展開する老舗ベーカリー。創業以来、ボリュームと手頃さを兼ね揃えたパンを提供している。ハムと玉ねぎを挟んだ京かるねは、京都のご当地パンとして有名。

京かるね ¥270

ホワイトキャラメルロール ¥210

☎075-231-0055 住中京区河原町通三条上ル恵比須町434 🕒7～21時 休無休 交地下鉄京都市役所前駅から徒歩3分 Pなし MAP付録P12E1

店内では、ドリンク類も豊富に扱う。イートインも併設

○京都パン文化発祥の店

寺町

しんしんどう てらまちてん

進々堂 寺町店

大正2年（1913）創業。京都を代表する老舗で、創業者の続木斉（つづききひとし）氏は京都にフランスパンを広めた人物。地元の京小麦を使ったバゲットに加え、調理パン、洋菓子も豊富に揃う。

京小麦クロワッサン ¥300

北山メロン ¥220

☎075-221-0215 住中京区寺町通竹屋町下ル久遠院前町674 🕒7時30分～19時 休無休 交地下鉄京都市役所前駅から徒歩8分 Pなし MAP付録P14C3

老舗が並ぶ寺町通に店を構える。大きな窓が開放的

○フランス仕込みのおしゃれパン

西陣

る ぷちめっく いまでがわ

Le Petit Mec IMADEGAWA

パリの街角にあるようなおしゃれな雰囲気のベーカリー。店内には、フレンチの技法を取り入れたサンドイッチやクロワッサンなど、本場フランス仕込みのパンが約70種揃う。

赤い実のタルト ¥370

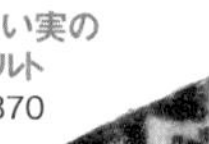

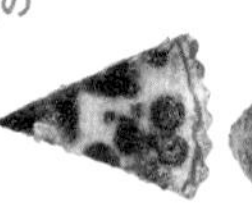

クロワッサン・オ・ブール ¥240

☎075-432-1444 住上京区今出川通大宮西入ル元北小路町159 🕒8～18時 休無休 交市バス停今出川大宮から徒歩2分 Pなし MAP付録P7B1

ナッツやフルーツを使ったハード系パンも人気。タルトは常時5～6種類が並ぶ

古都の魅力がギュッと詰まった素敵なおみやげ探しをしませんか

カラフルでかわいい和雑貨、京らしい香りの品やコスメは、おみやげにして喜ばれること間違いなし。また、伝統に裏打ちされた京都の和菓子は美しく味もハイレベル。おもたせにぴったりです。

ずっと使い続けたい 職人技の用の美をお持ち帰り

長いあいだ受け継がれ、磨かれてきた技と意匠が詰まった逸品。
生活にしっくりとなじむ職人技の道具は、一生をともにしたいものばかりです。

一段弁当箱 曲げわっぱ
各7700円
丁寧に作られたモダンなフォルム

minotakeしゃもじ
1980円
minotakeさじベラS
1320円
竹本来の性質や曲線を生かしたデザイン

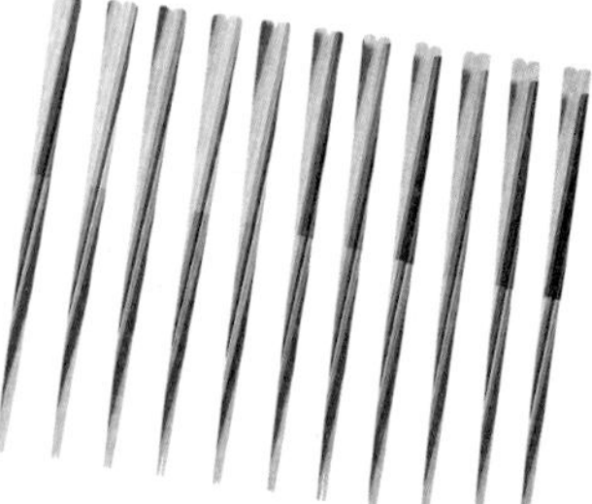

一膳はんなり箸
1650円
手馴染みの良い八角型のお箸。カラーも豊富

市役所前

こうちょうさいこすが きょうとほんてん

公長斎小菅 京都本店

新旧和洋が融合した竹製品

明治31年（1898）の創業以来、竹製品一筋の老舗。昔から日本人が親しんできたテーブルウエアや花器をはじめ、モダンなセンスをプラスしたバッグなどのファッション小物まで約400点もの竹製品を販売。多種多様な竹の魅力を再発見できる。

☎075-221-8687 住中京区三条通河原町東入ル中島町74ザ ロイヤル パークホテル 京都三条1階 ⌚11〜19時 休無休 交地下鉄京都市役所前駅から徒歩3分 Pなし MAP付録P12E1

四条烏丸

いちはらへいべいしょうてん

市原平兵衛商店

400種類の箸が並ぶ専門店

明和元年（1764）の創業以来、京料理の発展を陰から支えてきたお箸の専門店。杉や竹といったさまざまな天然素材で作られた箸は食卓用や調理用など約400種類あり、お店で相談すれば自分の手に合った一品を選んでもらえる。

☎075-341-3831 住下京区堺町通四条下ル ⌚10時〜18時30分（日曜、祝日は11〜18時） 休不定休 交地下鉄四条駅から徒歩5分 Pなし MAP付録P13C4

手彫紫檀箸（中）
4180円
八角黒檀箸（中）
7370円
まるで指の延長のような、箸を意識させない使い心地が魅力

友禅流し（京風箸はかま）
4180円
マイ箸を持ち歩きできる箸袋。いろんな柄から選べる

長方形皿（小）
3630円
アルミ製コップ（小）
5280円
冷たいドリンクを飲むのにぴったり

厳選した老舗の技が一堂に

独自の視点で和の逸品をセレクトする細見美術館のミュージアムショップ「ARTCUBE SHOP」。老舗とのコラボ商品にも注目。☎075-761-5700 MAP付録P16A3

アルミ丸皿φ10cm
1650円
美しい打ち目が特徴の皿。多目的に使える

東山七条

たんきんこうぼう うえすとさいどさんじゅうさん

鍛金工房 WESTSIDE33

年月を経るごとに深まる風合い

金属を金槌で叩くという特殊な技法で作る鍛金製品の店。匠の技が光る鍋や食器は、モダンなデザインで使いやすいと好評。金槌跡はしっくりと手になじんで、使うほどに風合いが増していく。

☎075-561-5294 住東山区七軒町578 ⏰10～17時 休火曜 Pなし MAP付録P4D3

御所南

つじわかなあみ

辻和金網

丹念に編まれた精緻な美

創業80余年、平安時代から続く京金網の伝統を受け継ぐ店。職人が一目ずつ編み上げる網目は思わずうっとりするほど美しい。使う人の手や用途に合わせて、多彩な形と大きさのゆどうふ杓子ほか、焼き網や茶漉しなどのキッチン用品が揃う。

☎075-231-7368 住中京区堺町通夷川下ル亀屋町175 ⏰9～18時 休日曜、祝日 交地下鉄丸太町駅から徒歩6分 Pなし MAP付録P14B3

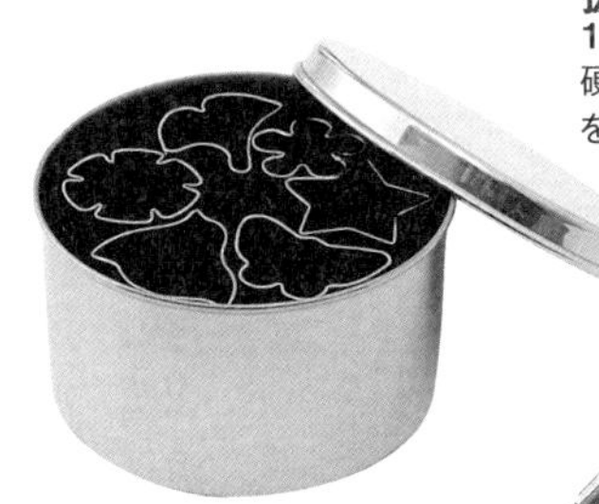

抜き型（中）6個セット
1万2650円～
硬い野菜も楽々。料理に華を添える必需品

真鍮竹柄 ちりれんげ・穴明
6050円
花びら型に抜かれた気品あるお玉

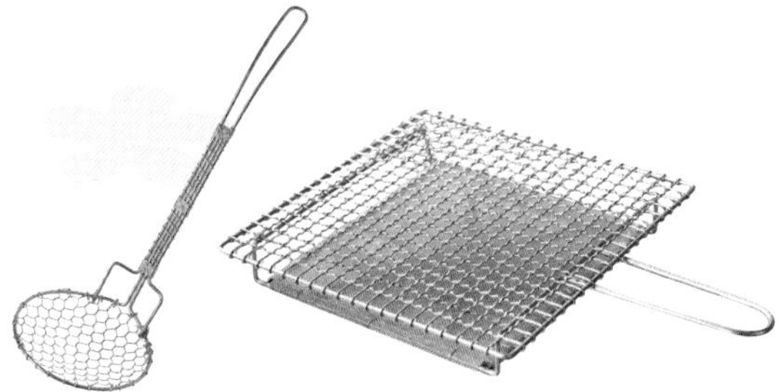

ゆどうふ杓子銅丸大
2530円
繊細な網目でやわらかい豆腐もくずれない

手付焼網(受け網付)大・正方形
5500円
パンなどが外はカリッ、中はふんわり焼き上がると評判

河原町

ありつぐ

有次

プロも愛用する料理道具

その歴史は戦国時代の刀鍛冶から始まる、創業460年の庖丁店。ほどよい重さと抜群の切れ味をもつ庖丁約50種ほか、抜き型1430円～やおろし金4730円～などの料理道具は、国内外の料理人にも幅広く支持されている。

☎075-221-1091 住中京区錦小路御幸町西入ル ⏰10～16時 休水曜 交阪急京都河原町駅から徒歩8分 Pなし MAP付録P12D3

一生使える「職人もの」は、壊れても直してもらえる場合が多いので捨てずに販売店に相談してみましょう。

伝統×モダンを感じる 普段使いしたい和小物

昔ながらの技術はそのままに、モダンに蘇った和小物。
多彩な色柄の中から自分好みの1点を見つけるのも楽しみの一つです。

足袋下
690円 ほ

御朱印帳
3080円
じゃばらタイプで、1冊1冊職人が丁寧に製本している い

手ぬぐい
2640円〜
友禅技法を使って染色した手ぬぐいは約200種！ ろ

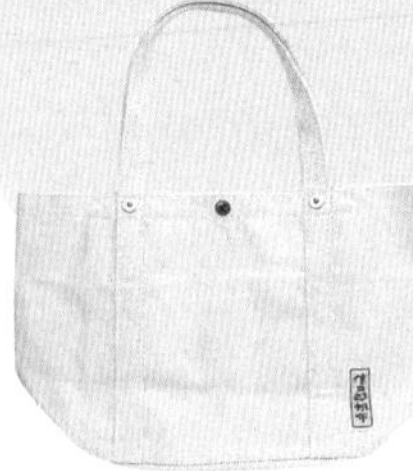

トートバッグ
1万4300円
収納力と使うほどに深まる風合いが魅力 は

Lトート
（虹花）9240円
軽くてしっかりとしたトートバッグはお出かけや日常使いにも◎ い

リバーシブル手ぬぐい巾着
各2750円
手ぬぐいを使用したリバーシブルの小さめ巾着袋 ろ

ショルダーバッグ
各1万3200円
長く愛用できるシンプルで丈夫な帆布製 は

寺町通

ぷていたぷてい

petit a petit い

京都出身のクリエイター2人によるテキスタイルブランド。京都の風景や山並みをモチーフにしたデザインは、鮮やかな色使いも魅力。

☎075-746-5921 住中京区寺町通夷川上ル藤木町32 ⏲10時30分～18時 休木曜 交地下鉄京都市役所前駅から徒歩6分 Pなし MAP付録P14C3

河原町

えいらくやほそつじいへえしょうてん しじょうみせ

永楽屋細辻伊兵衛商店 四条店 ろ

400年の歴史がある綿布商が展開する手ぬぐいブランド。伝統柄のほか、ユニークな舞妓さん柄や京都らしい柄なども豊富に揃う。

☎075-222-1622 住下京区四条通河原町西入ル御旅町34 ⏲11～22時 休無休 交阪急京都河原町駅から徒歩1分 P無し MAP付録P12D3

祇園

いちざわしんざぶろうはんぷ

一澤信三郎帆布 は

1点ずつ手作りの帆布製のかばんは、シンプルなのに味わいのあるかわいさで人気。京都のこの店でしか買えないところも人気の秘密。

☎075-541-0436 住東山区東大路通古門前上ル ⏲10～18時 休火曜（季節により無休） 交市バス停知恩院前から北へ徒歩2分 Pなし MAP付録P10D1

手ぬぐい扇子『紅葉』
(グリーン/ライトグリーン)
6050円 ろ

組紐をおみやげに

茶道具などに欠かせない京組紐。文政9年(1826)創業の「伊藤組紐店」では、トンボ玉と組紐のストラップ3850円を購入できます。☎075-221-1320 MAP付録P12D2

文乃香 とがのをうさぎ
(3枚入) 660円
鳥獣戯画のうさぎをモチーフにした文乃香。手紙に添えて贈りたい に

足袋下
1足 690円
カラフルな足元で靴を脱ぐシーンにもおすすめ ほ

京都角皿
各495円
京都をモチーフにした紙の角皿。コースターとしても使える へ

文乃香 雪だるま
(3枚入) 770円
季節感たっぷり。財布や名刺入れにそっと忍ばせておくのもおすすめ に

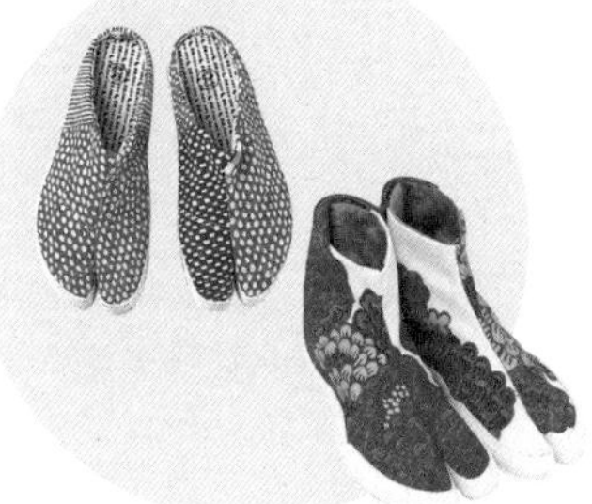

貼付つっかけ足袋 7480円
貼付地下足袋 8800円
1度履いたら手放せなくなる履き心地! ほ

入れ子ボックス (大) 1100円
(中) 990円
(小) 880円
まるい形がキュートな収納箱 へ

河原町
すうざんどうはしもと きょうとほんてん
嵩山堂はし本 京都本店 に

和紙を使った京都らしい文具を多彩に取り揃える。愛らしい動物や草花をモチーフにした品が多く、季節感を感じるアイテムも豊富。

☎075-223-0347 住中京区六角通麸屋町入ル八百屋町110 ⏰10~18時 休無休 交地下鉄京都市役所前駅から徒歩10分 Pなし MAP付録P12D2

河原町
そう・そう たび
SOU・SOU 足袋 ほ

オリジナルテキスタイルを使用した国産地下足袋と靴下風の足袋などバリエーション豊かなアイテムがずらりと並ぶ。

☎075-212-8005 住中京区新京極通四条上ル中之町583-3 ⏰12~20時 休水曜 交阪急京都河原町駅から徒歩5分 Pなし MAP付録P12D3

河原町
すずきしょうふうどう
鈴木松風堂 へ

伝統的な技法で作る型染紙を使った紙雑貨の店。小物入れなど、色鮮やかな和柄の雑貨が並ぶ。

☎075-231-5003 住中京区柳馬場通六角下ル井筒屋町409・410 ⏰11~19時 ※公式SNSを要確認 休無休 交地下鉄四条駅、阪急烏丸駅から徒歩10分 Pなし MAP付録P13C2

歴史ある伝統産業の技術を生かしながら現代風にデザインされた和小物は、センスのいいおみやげとして近年人気急上昇。

繊細な色かたちにうっとり 季節を映すはんなりとした和菓子

ふんわりとしたやさしい色や形で、その時々の季節感を表す京都の和菓子。心の中に情景を思い浮かべながらいただく、そのひとときが何より甘美です。

春

3月 胡蝶
490円
春の野原を舞うかわいらしいチョウをかたどったもの

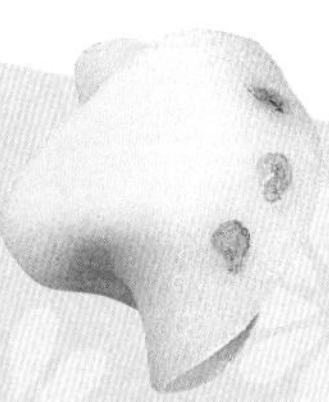

4月 みず温む
490円
池の魚たちが動き出し、水面が揺れる様を表現

5月 青葉
490円
練り切りでかたどった新緑の青葉で粒餡をくるむ

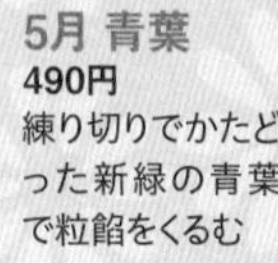

夏

6月 若鮎
490円
古来より親しまれてきた鮎の旬に合わせて登場

7月 岩清水
490円
岩間を流れる清水を表現した涼しげなお菓子

8月 夏姿
490円
ひらひらと揺れる浴衣の袖をイメージ

西陣

じゅこう
聚洸

独自のセンスで四季を表現 個性が光るアートな和菓子

京菓子の老舗「塩芳軒」の4代目・次男が営む和菓子店。抽象的でありながら一目で季節を感じ取れるような優美な上生菓子は、甘さを控えた上品な味わいが魅力。

☎075-431-2800 住上京区筋違橋町548-4(大宮寺之内上ル) ⏰10～17時(要予約) 休水・日曜、祝日 交市バス停天神公園前から徒歩3分 Pなし MAP付録P9B4

夏

巻き水
440円
さわやかなグリーンが印象的な道明寺羹

秋

秋風
470円
紅葉の季節に登場する秋色のきんとん

冬

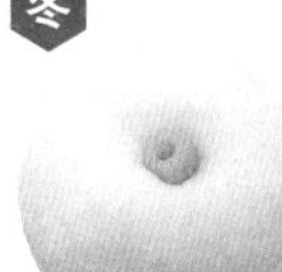

椿
440円
やわらかい羽二重餅で包んだ儚げな純白の椿

とってもキュートな季節の生八ツ橋をおみやげに

創業330年の老舗「聖護院八ッ橋総本店」のセカンドライン「nikiniki」。季節の生菓子各324円など、注目の八ッ橋です。※商品内容は季節により異なる☎075-254-8284 MAP付録P12E3

9月 月見うさぎ
490円
月夜に跳ねる愛らしいウサギに心が和む

冬

12月 白梅
490円
愛らしさとめでたさを表した新春のお菓子

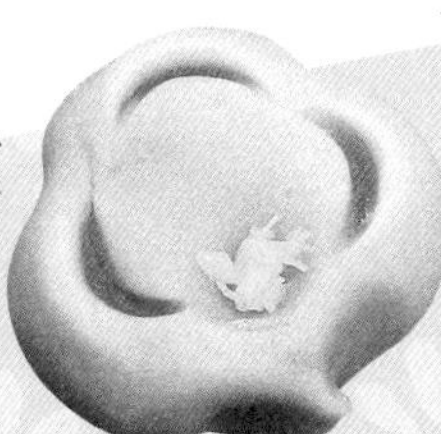

10月 京嵐山
432円
モミジの繊細なグラデーションに注目

1月 水仙
490円
ひと足早く春の訪れを告げる凛とした花の姿

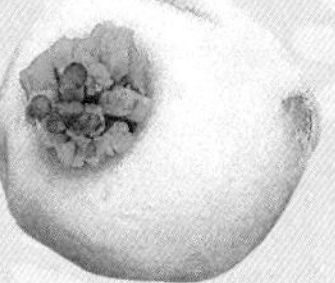

11月 京かぶら
490円
ふくよかな京かぶらは無病息災を願う縁起物

2月 寒椿
490円
冬に咲き誇る椿は、茶事にもよく使われる

七条
かんしゅんどうほんてん
甘春堂本店

伝統を大切にしながら代々の創意工夫も継承

慶応元年(1865)創業、現在で6代目となる老舗。社寺御用達の伝統菓子を受け継ぎながら、代々創作菓子づくりにも積極的。2代目考案の「茶壽器」2800円は茶碗型の斬新な銘菓。東店では和菓子作りの体験ができる(☞P132)。

☎075-561-4019 住東山区川端正面大橋角 ⌚9～17時 休無休 交市バス停七条京阪前から徒歩2分 Pなし MAP付録P4D2

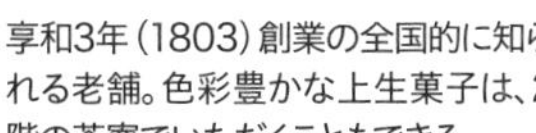

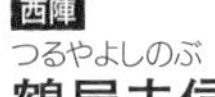

西陣
つるやよしのぶ
鶴屋吉信

有職故実を礎に洗練された和菓子

享和3年(1803)創業の全国的に知られる老舗。色彩豊かな上生菓子は、2階の茶寮でいただくこともできる。

☎075-441-0105 住上京区今出川通堀川西入ル ⌚9～18時(茶寮は10時～17時30分LO、生菓子実演は11時20分～12時30分の間休み) 休水曜※臨時休業あり 交市バス停堀川今出川から徒歩すぐ P8台 MAP付録P7B1

水ぼたん
486円
紅餡を艶やかな葛で包み、水中花のように

綾錦
486円
綾や錦の織物のような鮮やかな秋の風景を表現

冬

吉祥椿
486円
新春のめでたさを紅色の椿の花に託して

京都では庶民的な和菓子のお店を「おまんやさん」とよびます。かしわ餅、若鮎、水無月など、季節のおやつを楽しみましょう。

思わずひと目惚れ べっぴんさんな京のお菓子

京都は、味よし器量よしの惚れ惚れするお菓子の宝庫。
貰っても贈っても嬉しい"べっぴんさん"をお披露目します。

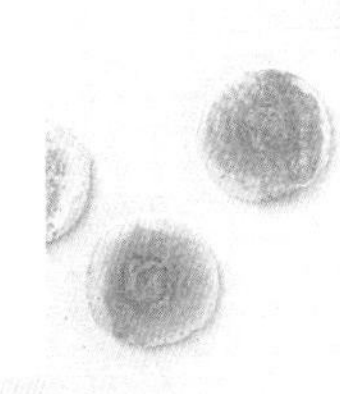

二

きょう
京ふうせん
25枚入り 1296円
色とりどりに染まったひと口大の麩焼き煎餅。軽やかな甘さが溶け出すやさしい食感。

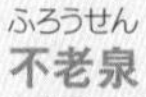

一

ふろうせん
不老泉
1箱各 290円
版画家・徳力富吉郎氏の図案による愛らしい小箱に入った懐中汁粉。千鳥のあられもキュート！

おゝきに
49個入り 1435円
4色各味のキューブがずらり。表面はカリッ、中は意外とやわらかな独特の食感が楽しい。

三

心和む色かたちの名物揃い

二条城周辺
にじょうわかさや
二條若狭屋 一

☎075-231-0616 住中京区二条通小川東入ル西大黒町333-2 ⏰8～17時 休水曜 P2台 交地下鉄二条城前駅から徒歩5分 MAP付録P7B3

全国区の京菓子ブランド

五条
すえとみ
末富 二

☎075-351-0808 住下京区烏丸通松原西入ル ⏰9～17時 休日曜、祝日 Pなし 交バス停五条駅から徒歩5分 MAP付録P5C1

祇園祭ゆかりの菓子を伝承

祇園
かしわやみつさだ
柏屋光貞 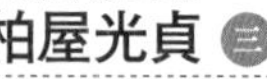

☎075-561-2263 住東山区安井毘沙門町33-2 ⏰10～18時 休日曜、祝日 Pなし 交市バス停東山安井からすぐ MAP付録P10D4

短編の物語
『御伽草子』に
ちなんだお菓子

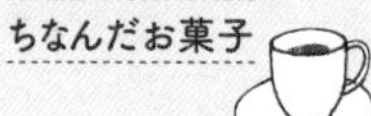

「吉廼家」(五)のもう一つの名物が、短編の物語『御伽草子』にちなんだ「おとぎ草子」16個入2160円。色鮮やかな練り切りや羊羹、まんじゅうなど、季節替わりのお菓子がお重に詰められている。

ボンボニエール
(苺の金平糖)
4070円
引き出物としても人気の高いオリジナル陶器入り。一粒で苺の豊かな味が口いっぱいに。

四

五

わがしどうふ
和菓子豆腐
1個 486円
お菓子の素材で四季折々の風物を表現した、なめらかな口あたりの水羊羹。

六

きもの
kimono
5個入り2538円
外側はホワイトチョコ、中身は抹茶やナッツなど紋様により異なる。全8種。

日本唯一の金平糖専門店

出町柳
りょくじゅあんしみず
緑寿庵清水 四

☎075-771-0755 住左京区吉田泉殿町38-2 ⏰10～17時 休水曜(祝日の場合は営業) P3台 交市バス停百万遍から徒歩2分 MAP付録P16A1

和の季節感をかわいらしく表現

北大路
よしのや
吉廼家 五

☎075-441-5561 住北区北大路室町西入ル ⏰9～18時 休不定休 Pなし 交京都駅から烏丸線で13分の北大路駅下車、徒歩3分 MAP付録P9C3

おめでたい吉祥紋様のケーキ

烏丸五条
きょうまといかし かこと
京纏菓子 cacoto 六

☎075-351-2946 住下京区東洞院通松原下ル大江町553-5 ⏰10～17時 休日曜、ほか不定休あり 交地下鉄五条駅から徒歩4分 P1台 MAP付録P5C1

京都のお菓子はキュートなパッケージが豊富。食べた後も小物入れなどに使えてエコ。

もらってうれしい！京都の大定番お配りみやげ

学校や職場でたくさんの人にあげるお配りみやげ。
分量はささやかでも、京都を感じてもらえる逸品をセレクトしました。

あ 阿闍梨餅（あじゃりもち）

10個箱入り 1523円

丹波大納言小豆を、さまざまな素材を練り合わせた秘伝の餅生地で包み焼き上げた半生菓子。もちもちの食感と自家製の粒餡が絶妙なバランス。

い 蕎麦ほうる（そばほうる）

1袋（90g）450円

明治のはじめから受け継がれる伝統の蕎麦菓子は、快い歯触りと香ばしい風味が持ち味。丸みを帯びた花の形にも心が和む。

う カネール（かねーる）

シナモン・コーヒー 12本入り 各702円

八ッ橋が新しい食感に。生地を薄く焼き上げて一枚ずつしっかりと巻いている。日本茶に限らずコーヒーとの相性も◎。

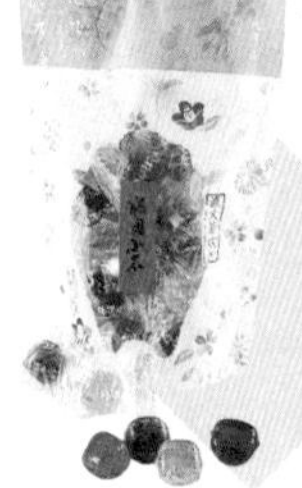

え 祇園小石（ぎおんこいし）

1袋（100g）432円

昔ながらの素朴な味わいを守る京飴処。なめらかで艶のある黒飴・宇治抹茶飴・紅茶の京飴をはじめとする6種類の飴が一度に楽しめる。

お 宝ぽち袋（たからぽちぶくろ）

各864円

テキスタイルブランド〈SOU・SOU〉の布ぽち袋に、おめでたいモチーフを集めた小さなお干菓子セット。

か 西尾八ツ橋のあんなま黒ごま白ごま（にしおやつはしのあんなまくろごましろごま）

10個入り 650円

銘菓の生八ツ橋には定番のニッキや抹茶のほか、白ごま黒ごまや季節限定の梅、焼きいもなど種類豊富。

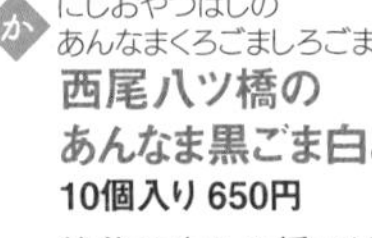

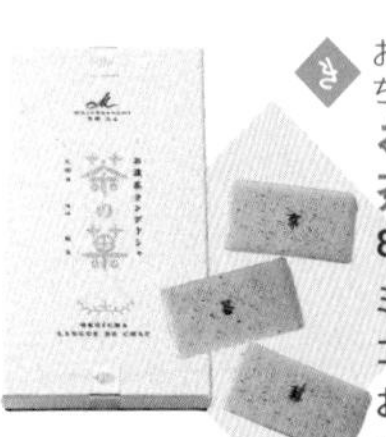

き お濃茶ラングドシャ 茶の菓（おこいちゃらんぐどしゃ ちゃのか）

8枚入り 1296円

ミルキーなホワイトチョコをサンドし、深みあるお濃茶の色、味、香りを楽しめるラングドシャ。

掲載の商品はココで買えます

あ 阿闍梨餅本舗 京菓子司 満月（あじゃりもちほんぽ きょうがしし まんげつ）
☎075-791-4121 住左京区鞠小路通今出川上ル ⏰9～18時 休水曜不定休 交市バス停百万遍から徒歩4分 P数台 MAP付録P16A1

い 総本家 河道屋（そうほんけ かわみちや）
☎075-221-4907 住京都市中京区姉小路通御幸町西入 ⏰8時30分～17時30分 休1月1日～1月3日 交地下鉄京都市役所前駅から徒歩5分 Pなし MAP付録P12D1

う 聖護院八ッ橋総本店（しょうごいんやつはしそうほんてん）
☎075-752-1234 住左京区聖護院山王町6 ⏰9～17時 ※公式Instagramを要確認 休無休 交京阪神宮丸太町から徒歩8分 P2台 MAP付録P16A3

え 家傳京飴 祇園小石（かでんきょうあめ ぎおんこいし）
☎075-531-0331 住東山区祇園町北側286-2 ⏰10時30分～18時（17時30分LO）※季節により延長あり 休無休 交京阪祇園四条駅から徒歩5分 Pなし MAP付録P10D2

お 亀屋良長（かめやよしなが）
☎075-221-2005 住下京区四条通油小路西入柏屋町17-19 ⏰9時30分～18時（茶房11～17時）休無休 交市バス停四条堀川からすぐ Pなし MAP付録P7B4

か 本家西尾八ッ橋 本店（ほんけにしおやつはし ほんてん）
☎075-761-0131 住左京区聖護院西町7 ⏰9～17時 休無休 交京阪神宮丸太町駅から徒歩8分 P5台 MAP付録P16A3

き マールブランシュ京都北山本店（まーるぶらんしゅきょうときたやまほんてん）
☎075-722-3399 住北区北山通植物園北山門前 ⏰10時～17時30分LO（販売は9時～17時30分）休無休 交地下鉄北山駅から徒歩3分 P9台 MAP付録P8D2

癒しのコスメと香りで はんなり京ビューティー

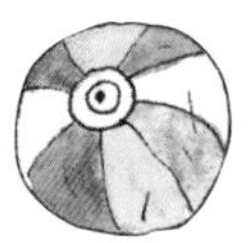

都の時代から、身だしなみに気を使う女性の強い味方だったお化粧品とお香。京都ブランドのコスメや老舗お香店でお気に入りを見つけましょう。

い

五島特産 特製つばき油ディスペンサーボトル/クラシックボトル

100mℓ 2310円/100mℓ 2145円

100%純粋なオイルを使って髪とお肌をケア

は

あぶらとり紙/丸手鏡（小・朱）

1冊20枚入り400円/430円

やさしい肌あたりのあぶらとり紙と、携帯用のミニ手鏡

ほ

ジャパニーズ インペリアルローズ（ハマナス）ビューティセラム/オイル ちどりや公式限定パッケージ

各30mℓ オイル1155円（左）/セラム2200円（右）

ハマナスにはビタミンCが豊富で、優しい使い心地

ろ
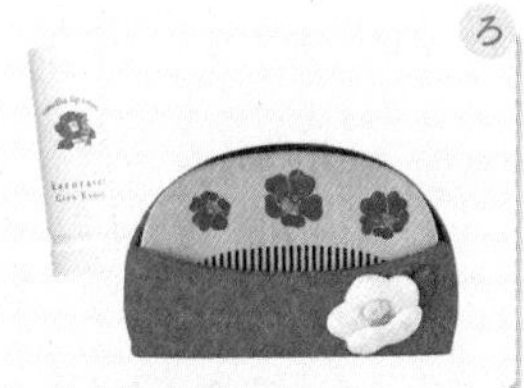

椿りっぷクリーム/つげ櫛 本漆赤絵の本蒔絵ぽってり椿 押絵ケース入り

1個1430円/1万1550円

ぷるぷるの唇と髪をつややかに整える優れもの

に

まゆごもり（ヘアコンディショナー/シャンプー/ボディソープ）

250g 2200円/400mℓ 2750円/400mℓ 2640円

繭からとれる保湿成分シルクセリシンのしっとり効果を体感

へ

ユズリップバーム

10mℓ 巾着&ミニリップブラシつき 2860円

国産ゆずから抽出した精油などこだわり成分を配合

祇園

かづらせいろうほ

かづら清老舗 い ろ

つばき油で髪と肌を健やかに

創業150年以上の頭飾品とつばき油の老舗。上質なつばき油を使ったヘアケア&スキンケアアイテムが揃う。無添加処方なので肌にやさしい。

☎075-561-0672 住東山区四条通祇園町北側285 ⏰10～18時 休水曜 交京阪祇園四条駅から徒歩5分 Pなし

MAP付録P11C2

祇園

よーじや ぎおんほんてん

よーじや 祇園本店 は に

お顔のロゴが特徴の肌ケアブランド

あぶらとり紙や、まゆごもりシリーズなどが人気。気軽に試せるテスターも用意。

☎075-541-0177 住東山区祇園四条花見小路東北角 ⏰10時30分～18時30分（土・日曜、祝日は～19時）休無休 交京阪祇園四条駅から徒歩5分 Pなし

MAP付録P11C2

銀閣寺周辺

きょうとちどりや

京都ちどりや ほ へ

NYから逆輸入の自然派コスメ

和の素材を原料に取り入れたオーガニックコスメショップ。創業時は芸舞妓さんの和小物等も扱っていたため、オリジナル小物や浴衣も豊富。

☎075-751-6650 住左京区浄土寺上南田町65-1 ⏰10～17時 休木・土・日曜 交市バス停銀閣寺道からすぐ Pなし

MAP付録P16C2

蕎麦ぼうるのように分包でないお菓子は、懐紙を添えて渡してみては。京都の和雑貨屋さんは懐紙のバリエーションが豊富です。

手のひらで作る甘美な芸術 京都の和菓子作りに挑戦！

茶道をはじめとする和のおもてなし文化に育まれた京菓子。
伝統の技と感性を受け継ぐ甘春堂 東店で、和菓子作り体験してみましょう。

◈ 京菓子とは？ ◈

京都で作られる和菓子を指し、中でもかつて宮中や公家、寺社で、現在では茶事などで、行事やもてなしに用いる上菓子のこと。耳で菓子の銘を聞く「聴覚」、舌で味と感触を確かめる「味覚」・「触覚」、目で色どりや形を楽しむ「視覚」、鼻でその香りをかぐ「嗅覚」と、五感で味わうものとされる。

四季を映す和菓子。体験では季節ごとに作る菓子が変わるため、参加時期ならではの楽しみがある

職人さんに教えてもらえます！

1 和菓子体験スタート

上生菓子3個とお干菓子1個をつくる体験がスタート。まずプロが専用道具についてレクチャーしてくれる

2 本物の道具に触れる

必要な材料や道具は準備されているので、手ぶらでOK。抜き型を使って、飾りとなる部分を切り出そう

3 餡の成形

餡を詰めて形を整える時は、力加減や指先の角度に気を配って。手のひらも利用して、やわらかな趣に仕上げる

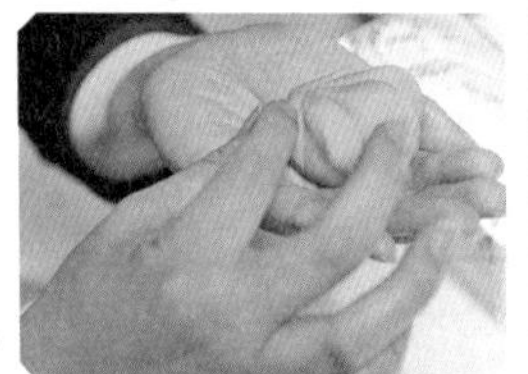

4 つくりたてを味わう

職人が丁寧にコツを教えてくれる。完成した和菓子は抹茶とともに味わえ、上生菓子2個は持ち帰りできる

七条

かんしゅんどう ひがしみせ

甘春堂 東店

豊国神社の門前に立つ江戸末期創業の老舗和菓子店。季節感あふれる雅な上生菓子には、地元のファンも多い。作りたての和菓子をゆっくりと味わえる茶房も併設。

☎075-561-1318 住東山区大和大路通正面下ル茶屋町511-1 ⌚9～17時 休無休（臨時休業あり）交市バス停東山七条から徒歩7分 Pあり MAP付録P4D2

和菓子の型抜きで使う菓子木型は、江戸時代に誕生したとか

◈ 体験データ ◈

定員80名（最少催行2名）日時毎日9時15分～／11時～／13時15分～／15時～料金3300円、所要時間1時間15分、持ち物なし、申込方法電話にて要予約

※催行確定日に空きがある場合は当日参加も可

ホテルでゆっくり？和宿でほっこり？私にぴったりの宿探し

憧れホテルで贅沢なひとときを過ごす、または町家の宿で古都風情を楽しむ「和」の夜。街なかのホテルで自分の時間を楽しむ「洋」の夜。お好みに合せて選びましょう。

心ときめく憧れホテルで ラグジュアリーなご褒美ステイ

魅力的なホテルが続々誕生している京都。数あるなかでも、「一度は泊まってみたい！」と憧れるホテルで、贅沢ステイを楽しもう。

ラグジュアリーな おすすめステイ

中庭に面した開放感抜群のレセプションで、旅の計画を立てたり、ゆったり読書にふけったり…時間を忘れてのんびり過ごす優雅なひと時を。

七条

しっくすせんしず きょうと

シックスセンシズ 京都

ウェルネスで特別な 京都時間を叶える

2024年4月、自然派ラグジュアリーリゾートの先駆者として名を馳せる「Six Senses」のホテルが日本初上陸。最先端のウェルネス&スパ、斬新なレストラン、美しい庭園など魅力的なポイントがたっぷり。客室は、平安時代の「雅」を軸とした空間デザインで、12種類の客室タイプから選ぶことができる。

☎075-531-0700 住東山区妙法院前側町431 交市バス停東山七条からすぐ Pなし ●81室 MAP付録P4E2

憧れPoint

ウェルネスな朝食で一日をスタート

Sekkiでの朝食はレストランで絞った野菜ジュースや、健康的なアラカルトメニューも充実

テラス席が心地いい！

伝統的な日本庭園に心が落ち着く

憧れPoint

趣ある日本庭園を眺めてのんびり

中庭付「プレミア スイート ガーデン」では、非日常的なリラックス空間をひとり占め！

料金

ツインルーム 19万2000円～

時間

IN 15時 OUT 12時

✳Activity

「アルケミーバー」では、ハーブやフルーツ、生薬などを使って、バスソルトやボディスクラブ、ハーバルボールなどを作る体験が楽しめる。

部屋食 エステ有り 禁煙ルーム有 大浴場有 インターネットあり ひとり宿泊OK

ラグジュアリーな
おすすめステイ

タイ人シェフが腕を振るうオールデイダイニング「Kati」。大きな窓の外に広がる中庭を眺めながら、ゆったりランチタイムを楽しもう。

京都駅

でゅしたにきょうと

デュシタニ京都

京都の伝統とタイのホスピタリティが融合

世界遺産・西本願寺の門前町に位置し、日本初上陸したタイの五つ星ホテルとして話題。空間のデザインには、京都とアユタヤ、二つの古都の建築要素が取り入れられており、モダンでありながら優雅な落ち着きも感じられる。タイの伝統料理を提供する「Ayatana」をはじめ、洗練されたレストランにも注目。

☎075-343-7150
住下京区西洞院通正面上ル西洞院町466 交市バス停西洞院正面からすぐ
P32台 ●147室
MAP付録P5C2

料金
デラックスツイン
4万5000円～
時間
IN 15時 OUT 12時

憧れPoint
タイと京都の伝統が見事に融合
日本の伝統とタイの優雅な雰囲気が調和。洗練されたロビーラウンジは特別な時間への始まり

快適さと機能性を兼ね備えた空間

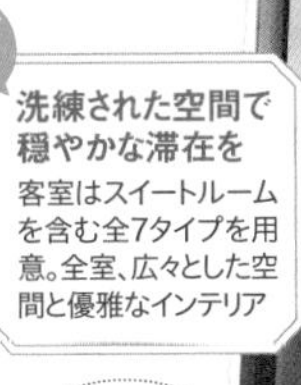

憧れPoint
洗練された空間で穏やかな滞在を
客室はスイートルームを含む全7タイプを用意。全室、広々とした空間と優雅なインテリア

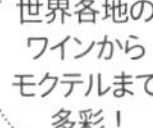

世界各地のワインからモクテルまで多彩！

憧れPoint
一日の最後は隠れ家バーで
洗練されたバー「Den Kyoto」は特別な一日の締めくくりにぴったり。オリジナルカクテルも好評

Gourmet
ロビーラウンジ「ザ・ギャラリー」ではアフタヌーンティー（要予約）を用意。厳選された旬の食材を使った、贅沢で美しいスイーツがずらり。

暮らすように旅を楽しむ 一棟貸しで京都を体感

京都に暮らすように旅を楽しむなら、一棟まるごと貸し切れる宿がおすすめ。プライベート感たっぷりの京都時間を気ままに楽しんで。

裏路地に立つ町家なので、街中ながら喧噪から離れた静かな時間を過ごせる

烏丸御池

まちや さうな きょうと

MACHIYA SAUNA KYOTO

心ゆくまでサウナ時間! 文豪も訪れた町家のリノベ宿

昭和初期に活躍した日本画家・小林雨郊がアトリエとして使っていた京町家をリノベーション。隠れ家サウナとして注目を集めており、宿泊施設としても利用できる。和のくつろぎ空間はそのままに、充実の設備が整っている。

☎090-9838-9637 住中京区三坊西洞院町561西側奥 ⏰IN16時30分/OUT11時 交地下鉄烏丸御池駅から徒歩5分 Pなし MAP付録P7C4

1泊素泊まり
1棟2名
3万8000円～
※ショートプラン適用時

注目Point
サウナ空間は水墨をイメージ。豊富なフレーバーから選んでセルフロウリュも楽しめる

1 モダンな雰囲気のサウナは、セルフロウリュで好みの湿度設定にすることも可能 2 サウナのあとは、縁側外気浴スペースで"ととのい"体験を

清水寺周辺

きょうまちや-すいーとりきゅう

KYOMACHIYA-SUITE RIKYU

充実の設備で快適に モダンな京町家をひとりじめ

清水寺や祇園などへの観光に便利なロケーション。モダンに改装された京町家はデザインにも設備にもこだわりが満載。「一保堂茶舗」のお茶や「よーじや」のボディソープなど、備品やアメニティにも京都らしさが感じられる。

☎075-746-2942 住東山区下弁天町61-4 ⏰IN15時/OUT11時 交市バス停東山安井から徒歩2分 Pなし MAP付録P10D4

1棟素泊まり
6万円～
(4名まで)

注目Point
1階に和室、2階に洋室を用意。京都らしさと快適さを兼ね備えたくつろぎの時間を約束。

1 伝統的な京町家を新築さながらにリノベ。木のぬくもりが感じられる 2 高級寝具メーカー「IWATA」の寝具類など、メイドイン京都のアイテムにこだわる

趣ある雰囲気を味わおう 朝食がおいしい片泊まり

せっかくの京都旅、和の風情が楽しめる宿に泊まってみるのはいかが？
おいしい朝食が自慢の片泊まり宿なら気軽にトライできそう。

▶通りに面した、おもての間。虫籠窓があるのは明治期の町家の特徴

二条城周辺

おやど ぬのや

小宿 布屋

朝食MENU

だし巻、焼き魚、お浸し、みそ汁、土鍋ごはんなど盛りだくさん

レトロでかわいい京町家 土鍋ごはんの朝食も楽しみ

1泊朝食付
平日 9200円～
休前日 9200円～

明治時代築の町家を改装。通り庭、坪庭などを昔のままに残し、アンティーク家具を俳している。1日2組限定、4～6名で貸切りも可能。朝食は土鍋ごはんに京野菜もとり入れた手作りの味。

☎075-211-8109 住上京区油小路通丸太町上ル ⏰IN16時/OUT10時（門限22時）交市バス停堀川丸太町から徒歩3分 Pなし MAP付録P7B2

▲京都で昔から食べられてきたおかずを土鍋ごはんとともに

朝食MENU

焼き魚、大根の炊いたん、ししとうのじゃこ炒め、湯豆腐など京都の家庭の味

▲築およそ130年。映画などのロケにもよく使われる風情ある客室

石塀小路

いなかてい

田舎亭

▲心がほっとするような朝食は客室でいただくことができる

歴史を重ねた落ち着き 古きよき京都らしさに浸る

1泊朝食付
1万9800円～
※1室1名利用時 2万2000円～

先代までは一見さんお断りで、銀幕スターも愛した宿。石塀小路の家並みや坪庭を望む客室は、すべて作りが異なり、元茶室の離れも人気。全室禁煙で、Wi-Fiありと設備も整う。

☎075-561-3059 住東山区祇園下河原石塀小路463 ⏰IN16時/OUT10時（門限24時）交市バス停東山安井から徒歩4分 Pなし MAP付録P15B2

円山公園

おやどよしみず

お宿吉水

▶円山公園の一番奥の高台にあり、自然に包まれた空間が広がる

豊かな自然を満喫しながら 体にやさしいモーニング

円山公園内にある築100年以上の数寄屋造りの宿。朝食はダイニングルームでのセルフサービスで、天然酵母パンや野菜スープなどシンプルな朝食が味わえる。庭の緑を愛でながら心地のいい朝を。 ☎075-551-3995 住東山区円山公園弁天堂上 ⏰IN15時/OUT10時 交市バス停祇園から徒歩15分 P2台（要予約）MAP付録P10F2

1泊朝食付
1万円～

朝食MENU

パン、卵料理、野菜スープ、バター&ジャム、季節の果物など洋風の内容

▲家庭のダイニングのようなカフェでヘルシーなモーニングを

※片泊まり宿の宿泊料金は1室2名利用の場合の1名料金です。

京都駅周辺

りーがろいやるほてるきょうと

リーガロイヤルホテル京都

和とモダンが融和した空間

京の風情と現代的なデザインを散りばめたホテル。日本唯一の回転展望フレンチレストランや室内プールも楽しみのひとつ。

DATA ☎075-361-3333(宿泊予約・9～17時30分受付) 住下京区堀川通塩小路下ル松明町1 交JR京都駅から徒歩約7分 P117台 ¥T1万5700円～ ⏰IN14時/OUT11時 ●489室(T388、他101) MAP付録P5B3

京都駅周辺

みやこしてぃ きんてつきょうとえき

都シティ 近鉄京都駅

京都駅直結の好立地で機能的

近鉄京都駅改札口から1分と利便性抜群。駅上ながら静かでスタイリッシュな客室が人気。宿泊者専用の無料コインロッカーと「ちょこっと休憩処」で京都旅行を思う存分満喫。

DATA ☎075-692-2111 住下京区東塩小路釜殿町1-9 交JR京都駅からすぐ Pなし ¥T1万6000円～ ⏰IN15時/OUT11時 ●368室(T294・W46・その他28) MAP付録P5C3

京都駅周辺

ほてるぐらんゔぃあきょうと

ホテルグランヴィア京都

京都駅直結。観光に最適なアクセス

目の前に京都タワー、遠くに五山の稜線を望む景観が人気の「スーペリアタワービュールーム」では、客室内での食事にも対応できるダイニングテーブルを設置。全室無料Wi-Fiを完備し、快適性と機能性を実現。

DATA ☎075-344-8888 住下京区烏丸通塩小路下ルJR京都駅中央口 交JR京都駅直結 P1000台(京都駅ビル共用駐車場) ¥T1万7600円～ ⏰IN15時/OUT12時 ●537室(T408・他129) MAP付録P5C3

京都駅周辺

ほてるけいはん きょうと ぐらんで

ホテル京阪 京都 グランデ

充実の宿泊プランに定評あり

京都駅八条東口徒歩1分の好立地で、地下道から直結しているため雨でも濡れない。観光やビジネスの拠点にも便利。喫煙ルームが備わっているほか、13階スーペリアフロアには専用ラウンジがある。

DATA ☎075-661-0321 住南区東九条西山王町31 交JR京都駅から徒歩1分 Pなし ¥S7200円～T7700円～ ⏰IN15時/OUT11時 ●320室(S84・T213・他23) MAP付録P5C3

京都駅周辺

きょうとせんちゅりーほてる

京都センチュリーホテル

京都駅から至近の好立地

ノスタルジックモダンな館内に、ライブラリーラウンジやレストラン、バーを併設。95年を超える歴史と温かなおもてなし。京都駅からすぐの立地で、あらゆるシーンに応えてくれる。

DATA ☎075-351-0111 住下京区東塩小路町680 交JR京都駅中央改札口から徒歩2分 P50台 ¥TW1万2000円～ ⏰IN15時/OUT12時 ●218室(T167・W45・他6) MAP付録P5C3

京都駅周辺

だいわろいねっとほてるきょうとはちじょうぐち

ダイワロイネットホテル京都八条口

充実の設備で快適ステイを実現

加湿器付きマイナスイオン空気清浄機、各社携帯充電器など充実の設備。ベッドもゆったりサイズ。レディースルームあり。2024年全室リニューアル。綺麗な客室で快適なひとときを。

DATA ☎075-693-0055 住南区東九条北烏丸町9-2 交JR京都駅から徒歩4分 P20台 ¥S7400円～T1万1800円～ ⏰IN14時/OUT11時 ●192室(S48・W99・他45) ●2010年11月オープン MAP付録P5C4

京都駅周辺

みやこほてる きょうとはちじょう

都ホテル 京都八条

アクセス抜群、関西一円へGO

京都駅八条口前。JR・地下鉄・近鉄の3つのアクセスで、京都はもちろん関西一円の観光に便利。客室数は988室を誇る、関西最大級のホテル。ブッフェスタイルや中国料理、ダイニングレストランも人気。

DATA ☎075-661-7111 住南区西九条院町17 交JR京都駅から徒歩2分 P93台 ¥S1万4000円～T1万8000円～ ⏰IN14時/OUT11時 ●988室 MAP付録P5C3

京都駅周辺

こんふぉーとほてるえら きょうととうじ

コンフォートホテルERA 京都東寺

充実のサービスが好評

全国に展開するコンフォートホテルの派生ブランド「コンフォートホテルERA」の第1号店。京都由来のスイーツやお酒が楽しめる時間帯別サービスも充実で、くつろぎのホテル時間を約束。

DATA ☎075-662-0311 住南区西九条島町54-1 交近鉄東寺駅からすぐ Pなし ¥T8580円～ ⏰IN15時/OUT10時 ●182室 ●2023年9月リブランドオープン MAP付録P5B4

エステあり 禁煙ルームあり 大浴場あり インターネット可 ひとり宿泊OK

京都駅周辺

ほてる あんてるーむ きょうと

ホテル アンテルーム 京都

庭とアートが楽しめる客室

「アート&カルチャー」と「和」をコンセプトに、元・学生寮をリノベーションして作られたホテルで、センスの良さが光るスタイリッシュな客室が人気。ギャラリーでは、さまざまな企画展を開催している。

DATA ☎075-681-5656 住南区東九条明田町7 交地下鉄九条駅から徒歩5分 ¥Ⓢ6000円～ ⏲IN15時/OUT11時 ●128室 ●2016年リニューアル MAP付録P5C4

三十三間堂周辺

はいあっと りーじぇんしー きょうと

ハイアット リージェンシー 京都

和の伝統を国際感覚豊かに表現

三十三間堂すぐ近くの好立地。和の伝統美が随所に配され、落ち着きに満ちている。ヘッドボードには着物の古布をあしらい、バスタブとシャワーが分かれたバスルームも魅力。

DATA ☎075-541-1234 住東山区三十三間堂廻り644-2 交市バス停博物館三十三間堂前からすぐ P70台 ¥ⓉⓌ4万9720円～ ⏲IN15時/OUT12時 ●187室（Ⓚ92・Ⓣ89・スイート6）● 2006年3月開業 MAP付録P4E3

河原町

ほてるぐれいすりー きょうとさんじょう

ホテルグレイスリー 京都三条

充実の設備とこだわり朝食

全室に洗い場付きのバスルームを完備し、京都産の食材を使用したおばんざいや対面で調理するだし巻き卵などこだわりの朝食が人気。商店街の中にあり、買い物にも便利な立地。

DATA ☎075-222-1111 住中京区六角通寺町東入ル桜之町420 交地下鉄京都市役所前駅から徒歩5分 Pなし ¥Ⓢ1万1200円～ Ⓣ1万4700円～ ⏲IN14時/OUT11時 ●225室 ●2017年南館グランドオープン MAP付録P12D2

河原町

ほてるりそるきょうと かわらまちさんじょう

ホテルリソル京都 河原町三条

客室の床が畳のくつろぎ空間

伝統と和モダンを融合した、洗練されたデザインが印象的で、客室の床には畳を使用している。館内にはオリジナルのアロマが焚かれ、癒やしの空間を演出している。

DATA ☎075-255-9269 住中京区河原町通三条下ル大黒町59-1 交地下鉄京都市役所前駅から徒歩4分 Pなし ¥Ⓢ9000円～ ⏲IN15時/OUT11時 ●144室 ●2018年6月オープン MAP付録P12E2

河原町

くろすほてるきょうと

クロスホテル京都

和の心を随所に感じるホテル

「京感（共感）」と「木（気）づかい」をテーマに、温かみのある木材や和紙を使用した客室が素敵なホテル。観光や買い物にもアクセスしやすい、旅の拠点として最適な立地をほこる。

DATA ☎075-231-8831 住中京区河原町通三条下ル大黒町71-1 交地下鉄京都市役所前駅から徒歩4分 Pなし ¥Ⓚ1万7000円～ ⏲IN15時/OUT11時●301室 ●2018年オープン MAP付録P12E2

五条

けいおうぷれりあほてる きょうとからすまごじょう

京王プレリアホテル京都烏丸五条

種類豊富なタイプが揃う客室

様々なシーンに対応した多彩な客室タイプが魅力のホテル。大人気ビストロ「イカリヤ」の朝食ビュッフェが楽しめる。旅の疲れを癒やす大浴場も用意。

DATA ☎075-352-5111 住下京区烏丸通松原下る五条烏丸町396 交地下鉄五条駅から徒歩4分 Pなし ¥Ⓣ8800円～ ⏲IN15時/OUT11時 ●305室 ●2018年オープン MAP付録P5C1

四条堀川

ざ・わんふぁいぶきょうとしじょう

ザ・ワンファイブ京都四条

観光しやすいロケーション

嵐山などの人気の観光地にもアクセスしやすいロケーションが魅力。錦市場や二条城へも徒歩圏内で、周辺の散策もおすすめ。ラウンジでは挽きたてのフリーコーヒーが楽しめる。

DATA ☎0570-666-815 住下京区四条通堀川西入ル唐津屋町535 交阪急大宮駅から徒歩3分 Pなし ¥Ⓣ5535円～ ⏲IN15時/OUT10時 ●146室 ●2020年7月オープン MAP付録P5B1

四条烏丸

ほてるにっこうぷりんせすきょうと

ホテル日航プリンセス京都

京都の天然水で癒しのバスタイム

京都の中心部に位置し、観光・ショッピングに便利。全館で肌にやさしい京都の地下天然水を利用。ゆったりサイズの客室で、洗い場付きのバスルームが自慢。心からの笑顔でのおもてなしで迎えてくれる。

DATA ☎075-342-2111 住下京区烏丸高辻東入高橋町630 交地下鉄四条駅から徒歩3分 P59台 ¥Ⓢ2万5300円～ Ⓣ4万4275円～ ⏲IN15時/OUT11時 ●216室（Ⓢ6・Ⓣ162・他48）MAP付録P5C1

※Ⓢ…シングル、Ⓦ…ダブル、Ⓣ…ツイン、Ⓚ…キングの料金は1室あたりの室料です。宿泊料金はオフシーズン平日の最低料金です。

市役所前

ざ ろいやるぱーくほてる きょうとさんじょう

ザ ロイヤルパークホテル 京都三条

抜群の立地と快適な空間が魅力

地下鉄京都市役所前駅・京阪三条駅から徒歩3分とアクセス抜群。先斗町や木屋町、祇園が徒歩圏内で、アクティブに観光を楽しめる。2024年2月に全客室改装を完了し、快適な空間に生まれ変わった。

DATA ☎075-241-1111 住中京区中島町74 交地下鉄京都市役所前駅から徒歩3分 Pなし ¥ⓌⓉ1万7000円～ ⓁIN15時/OUT11時 ●172室 MAP付録P12E1

四条烏丸

ほてるいんたーげーときょうとしじょうしんまち

ホテルインターゲート京都四条新町

ラウンジでのサービスも充実

京都伝統産業のワークショップや、ドリンク・夜食のサービスをラウンジで無料提供。新鮮な野菜を使う朝食も人気。寝具やウェアにもこだわり「最高の朝」を体感できる。ゆったりと浸かれる大浴場も完備。

DATA ☎075-255-2221 住中京区新町通錦小路上ル百足屋町387 交地下鉄四条駅から徒歩5分 Pなし ¥Ⓣ1万8000円～ ⓁIN15時/OUT11時 ●153室 ●2018年3月オープン MAP付録P13A3

烏丸御池

みついがーでんほてるきょうとさんじょうぷれみあ

三井ガーデンホテル京都三条プレミア

京都に住んでいるような時間を

京町家の概念を応用した設計で、三条通りの文化・にぎわいとプライベート空間が庭を介してつながる。客室は、着物・織物からインスピレーションをした「重ねの色目」がテーマ。

DATA ☎075-231-3131 住中京区三条通東洞院東入菱屋町45-1 交地下鉄烏丸御池駅から徒歩3分 Pなし ¥Ⓣ3万1000円～ ⓁIN15時/OUT12時 ●185室 ●2024年7月オープン MAP付録P13B2

烏丸御池

はーとんほてるきょうと

ハートンホテル京都

12時チェックアウトで翌朝もゆったり

2021年5月にリニューアルオープン。デニムを基調とした客室は、上品で落ち着いた空間。全室個別空調で、ウォシュレット付きトイレを完備。禁煙ルームも用意されている。

DATA ☎075-222-1300 住中京区東洞院通御池上ル船屋町405 交地下鉄烏丸御池駅から徒歩2分 P45台 ¥Ⓢ1万600円 Ⓣ1万9000円～ ⓁIN14時/OUT12時 ●294室（Ⓢ127・Ⓣ125・他42）●2021年5月リニューアル MAP付録P14A4

市役所前

ざ・りっつ・かーるとんきょうと

ザ・リッツ・カールトン京都

鴨川を望める絶好のロケーション

静寂に包まれたゲストルームは、京の伝統や職人技を取り入れた安らぎのラグジュアリー空間。日本庭園付きの客室も。ピエール・エルメ・パリのアフタヌーンティーなどグルメにも注目。

DATA ☎075-746-5555 住中京区鴨川二条大橋畔 交地下鉄京都市役所前駅から徒歩5分 P72台 ¥Ⓦ20万円～ ⓁIN15時/OUT12時 ●134室 ●2014年2月オープン MAP付録P6D3

市役所前

ほてるおーくらきょうと

ホテルオークラ京都

長い歴史に育まれたホスピタリティ

明治21年（1888）創業以来、数多くの賓客をもてなしてきた名ホテル。京都随一の高さを誇り、眺望がよい。多種多様な直営レストランやバー、アクセスの良さでも魅力。

DATA ☎075-211-5111 住中京区河原町御池 交地下鉄京都市役所前駅直結 P200台 ¥Ⓢ3万1625円～ Ⓣ4万4275円～ ⓁIN15時/OUT11時 ●320室（Ⓢ52・Ⓣ220・Ⓦ27・他21）MAP付録P14C4

京都御所周辺

きょうとぶらいとんほてる

京都ブライトンホテル

京町家風の奥行きある客室でゆったり

自然光が入る吹き抜けのロビーは解放感たっぷり。洗い場付バスルーム完備のゆとりある客室にはお抹茶セットも。人気の朝粥もはずせない。

DATA ☎075-441-4411 住上京区新町通中立売（御所西）交地下鉄今出川駅から徒歩8分 🅑烏丸御池駅よりシャトルバスあり P103台 ¥Ⓣ2万8000円～（変動あり）Ⓦ2万円～（変動あり）ⓁIN15/OUT12時 ●182室（Ⓣ138・Ⓦ41・他3）MAP付録P7C2

二条城周辺

えーえぬえーくらうんぷらざほてるきょうと

ANAクラウンプラザホテル京都

世界遺産を望むロケーション

二条城が目の前、着物姿のスタッフが迎えてくれる京都らしい雰囲気が魅力。加湿器、靴乾燥機、マイナスイオンドライヤー完備、またお好みで選べるピローやアロマなど無料貸出で女性に人気。

DATA ☎075-231-1155 住中京区堀川通二条城前 交地下鉄二条城前駅からすぐ 🅑送迎あり P100台 ¥Ⓢ1万円～ Ⓣ1万6000円～ ⓁIN15時/OUT11時 ●282室（Ⓢ28・Ⓣ200・他54）MAP付録P7B3

エステあり　禁煙ルームあり　ゆ 大浴場あり　インターネット可　ひとり宿泊OK

せっかくなのでひと足のばして
郊外エリアを日帰りさんぽ

街なか観光を楽しんだら、郊外へも出かけましょう。
大原でお寺めぐり、鞍馬寺・貴船神社の参拝、
宇治の平等院を見学、酒蔵の街 伏見をおさんぽ。
どこも1日かけてゆっくりとめぐりたい場所です。

のどかな田園風景が広がる大原の里でのんびりお寺めぐり

平家の隠れ里だった頃から変わらない、のどかな里山の風景が広がる大原。美しい庭をもつ寺社をめぐりながら、心安らぐ時間を過ごしましょう。

宸殿前に広がる庭園・有清園。杉木立の下に一面青々とした苔が生している

三千院（さんぜんいん） A

山里に調和した最澄ゆかりの寺

天台宗三門跡の一つで、最澄が比叡山東塔に建てた草庵が始まり。杉の木が生い茂る広大な境内には多くの堂宇が立ち、アジサイ、紅葉の名所としても名高い。

☎075-744-2531 住左京区大原来迎院町540 ¥700円 ⏲9～17時（11月は8時30分～、12～2月は～16時30分）休無休 交京都バス停大原から徒歩10分 Pなし MAP P143

1 客殿の縁側から眺める聚碧園は、園内に川が流れる優美な庭園 2 苔生す庭に並ぶわらべ地蔵。(杉村孝作)優しく愛嬌たっぷりの姿に癒される

実光院（じっこういん） B

桜と紅葉を一度に観賞できる名庭

勝林院の子院で、天台声明を伝承する僧侶の住まいとして建立。川の流れを引き込んだ池を中心とする池泉観賞式庭園・契心園を眺めながら、抹茶とお菓子がいただける。

☎075-744-2537 住左京区大原勝林院町187 ¥500円（茶菓付900円）⏲9～16時（季節により変更あり）休無休 交京都バス停大原から徒歩11分 Pなし MAP P143

1 四季の花が美しい契心園。秋の紅葉も艶やか 2 境内の中には秋から咲く珍しい不断桜があり、桜と紅葉が同時に観賞できる回遊式庭園もある

大原みやげなら 京都三大漬物の しば漬を！

大原産の紫蘇を使ったしば漬は大原の名産品。無添加にこだわる「志ば久」では、自家栽培のシソとナスとミョウガを塩で漬ける赤志ばと、青ジソで漬ける青志ば各540円を販売。
☎075-744-2226 MAP P143 F

勝林院（しょうりんいん） C

名僧が論争した 大原問答の舞台

長和2年（1013）に創建され、声明の根本道場として発展した。天台宗の僧侶・顕真が法然を招き、極楽浄土について論争したという「大原問答」の逸話が残る。

☎075-585-5177（輪番寺院へ転送）住左京区大原勝林院町187 ¥300円 ⏲9～16時 休無休 交京都バス停大原から徒歩12分 Pなし MAP P143

1 味わい深い寂びの風情に包まれる本堂。中には阿弥陀如来坐像が鎮座する 2 問答の際、光を放ち往生の証を示したと伝わる「証拠の阿弥陀」

●起点へのアクセス
JR京都駅から京都バス17・18系統で大原まで1時間2分。
広域MAP 付録P2D1

宝泉院（ほうせんいん） D

いつまでも眺めたい額縁庭園

平安時代末期に創建された勝林院の子院で、僧が住居としていた僧坊。樹齢700年の大きな五葉松や、客殿の柱と柱の空間を額縁に見立てた額縁庭園は必見の美しさ。

☎075-744-2409 住左京区大原勝林院町187 ¥900円 ⏲9～17時（受付は～16時30分）休無休（1月3日は要問合せ）交京都バス停大原から徒歩15分 Pなし MAP P143

庭園の名、盤桓園は立ち去りがたいという意味で別名額縁庭園ともよばれる

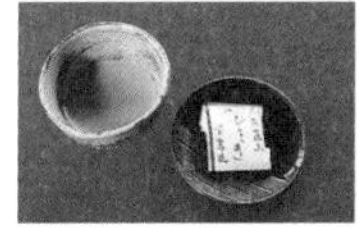

拝観料には抹茶とお菓子代が含まれ、庭園を眺めながらいただける

寂光院（じゃっこういん） E

平清盛の娘が 終生を過ごした尼寺

聖徳太子が父の菩提を弔うために建てたと伝わる寺院。平清盛の娘・建礼門院が文治元年（1185）に隠棲し、余生を送ったことでも知られる。建礼門院ゆかりの史跡が残る。

☎075-744-3341 住左京区大原草生町676 ¥600円 ⏲9～17時（12～2月は～16時30分）休無休 交京都バス停大原から徒歩15分 Pなし MAP P143

1 桃山時代頃の建築の特色を残すといわれていた本堂は、2000年に焼失したが5年後に再建された 2 本堂の東側にある池や庭園では四季折々の花も見られる

平清盛の娘・建礼門院が、壇ノ浦で滅亡した平家一門の菩提を弔って過ごした寂光院は、諸行無常の意味を考えさせられる場所です。

神秘的な世界観の鞍馬寺と縁結びの貴船神社をお参り

このエリアの情報
・京都駅から
バスと電車で約1時間
・歩いて回って約3時間

天狗伝説が伝わる神秘的な鞍馬から、川のせせらぎが響く清涼感あふれる貴船へ。緑豊かな山道を散策しながら、趣の異なるふたつの自然郷でリフレッシュを。

鞍馬寺（くらまでら） A

伝承と自然に富んだ京屈指の神秘スポット

宝亀元年（770）、鑑真和尚の高弟・鑑禎上人が毘沙門天を祀ったのが始まり。鞍馬弘教の総本山で、境内の山中には天狗伝説など源義経にまつわる伝承や見どころが多数ある。

☎075-741-2003 住左京区鞍馬本町1074 ¥愛山費500円、霊宝殿200円 ⏰9時～16時15分 休無休（霊宝殿は火曜）Pなし 交叡山電鉄鞍馬駅から徒歩3分で仁王門 MAP P144

▲山の中腹に立つ本殿の金堂には、石造りの金剛床が広がる

木の根道（きのねみち） B

自然が創りあげた奇観

鞍馬寺本殿から貴船まで続く山道は、岩盤が固くところどころ木の根が地表に浮き出ている。古杉に覆われた道沿いには、義経堂など牛若丸伝説の史跡も点在しており、散策コースとしても人気。

住左京区鞍馬本町 交鞍馬寺本殿から徒歩20分 ¥愛山費500円 時9時 ～16時15分 休無 休 Pなし MAP P144

▲鞍馬山中にある木の根道。杉の根が地表を埋め尽くす景観は神秘的

●起点へのアクセス
JR京都駅から市バス4・17系統で出町柳まで35分。叡山電鉄出町柳駅から貴船口駅まで28分、鞍馬駅まで31分。貴船口駅から京都バスで貴船まで5分。
広域MAP 付録P3C1

KIFUNE COSMETICS & GALLERY（きふね こすめてぃっくす あんど ぎゃらりー） F

アートに囲まれてくつろぎのひととき

京都を中心に約50名の作家の作品を展示・販売するギャラリー。喫茶スペースでは、1ドリンク550円～などがいただける。

☎075-741-1117 住左京区鞍馬貴船町27 ⏰11～17時 休不定休 Pなし 交京都バス停貴船から徒歩2分 MAP P144

◀洗練と和みが同居するオトナ空間で、優雅なティータイムを。おみやげ探しもココで

鞍馬から貴船まで木々が茂る道をプチ散策しましょう

鞍馬寺から貴船神社への移動は、約1時間のプチ散策がおすすめ。険しく神秘的な雰囲気の「木の根道」が続く先に、義経堂や奥の院魔王殿などがある。大自然に包まれて心も体もリフレッシュ。MAP P144 B

きふねじんじゃ 貴船神社 C

水を司る山あいの古社

社殿前には絶えず御神水が湧き出し、水を司る神として信仰を集めてきた。和泉式部が参拝し、夫との復縁祈願が見事に成就したことから、縁結びの神様としても名を馳せる。

☎075-741-2016 住左京区鞍馬貴船町180 ¥無料 ⏲授与所受付9～17時（時期により延長あり）休無休 P25台 交京都バス停貴船から徒歩5分 MAP P144

1 本宮社殿。天喜3年（1055）に元々の鎮座地である奥宮から遷座された 2 水に浸すと字が浮かぶ水占みくじ200円 3 本宮の表参道は、朱塗りの春日灯籠が連なる石段が続く

きふね うげんた 貴船 右源太 D

川床が人気の料理旅館

貴船神社に使えた社家の家柄にあたる料理旅館。夏は鱧や鮎などを盛り込んだ涼し気な川床料理、秋冬はすっぽんスープでぼたん肉を味わうオリジナルの氣生根鍋などを提供する。

☎075-741-2146 住左京区鞍馬貴船町76 ⏲11時30分～20時 休不定休（夏期は無休）交京都バス停貴船から徒歩10分 P5台 MAP P144

1 京都の夏の風物詩・川床。大自然のすがすがしい空気が気持ちいい 2 夏の川床料理は9900円～

きふねくらぶ 貴船倶楽部 E

木の温もり溢れるカフェ

貴船神社の奥の院へ向かう参道の途中にあるウッディなカフェ。コーヒーとともに、特製抹茶パフェ1250円など、多彩なスイーツが味わえる。

☎075-741-3039 住左京区鞍馬貴船町74 ⏲11～17時 休不定休 Pなし 交京都バス停貴船から徒歩10分 MAP P144

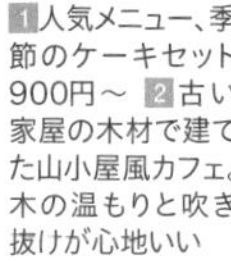

1 人気メニュー、季節のケーキセット900円～ 2 古い家屋の木材で建てた山小屋風カフェ。木の温もりと吹き抜けが心地いい

木の根道は散策コースとしても人気ですが、昼間でも薄暗く転びやすいので歩きやすい靴で出かけましょう。

王朝ロマンあふれる 源氏物語とお茶の町 宇治

このエリアの情報
・京都駅から電車で約30分
・歩いて回って約半日

ゆるやかな丘陵と宇治川の流れのもと、香り高い茶葉が育まれる宇治。王朝ロマンを感じる平安時代の遺構や源氏物語ゆかりの場所を訪ねましょう。

1 金色の鳳凰を屋上に配し、左右対称の姿が美しい
2 躍動感あふれる雲中供養菩薩像。26体を鳳翔館で展示する

平等院(びょうどういん) A 世界遺産

極楽浄土を具現化した寺院

光源氏のモデル・源融(みなもとのとおる)の別荘だった地で、のちに藤原道長(ふじわらのみちなが)の別荘となり、永承7年(1052)、その子・頼通(よりみち)が寺に改めて創建した。10円玉のモチーフである阿弥陀堂は、鳳凰が両翼を広げた様子に似ていることから鳳凰堂とよばれる。

☎0774-21-2861 住宇治市宇治蓮華116 ¥700円(鳳凰堂内は別途300円) 🕒8時30分〜17時30分(鳳翔館は9〜17時、鳳凰堂内部は9時30分〜16時10分の間で20分毎入替制) 休無休 交JR宇治駅から徒歩10分 Pなし MAP P147

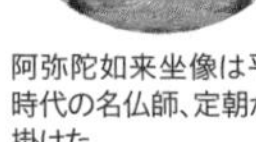
阿弥陀如来坐像は平安時代の名仏師、定朝が手掛けた

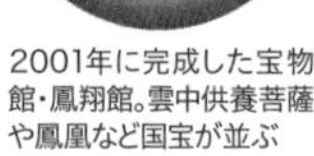
2001年に完成した宝物館・鳳翔館。雲中供養菩薩や鳳凰など国宝が並ぶ

ミュージアムショップも必見です！

あぶらとり紙 パフ付 各500円

ポチ袋 250円(5枚セット)

宇治抹茶の商品が全て試食可能

「心とカラダの健康」をテーマに有機の日本茶などを取り扱う「日本茶と熟成味噌料理 ヤマサン」。熟成味噌料理や抹茶スイーツも楽しめる。☎0774-21-5551 MAP P147 F

中村藤吉本店（なかむらとうきちほんてん） B

並んでも食べたい生茶ゼリイ

安政元年（1854）創業の宇治茶商が営むカフェ。抹茶を使った茶蕎麦やスイーツが味わえ、看板メニューの生茶ゼリイや竹の器に入ったまるとパフェが人気。

☎0774-22-7800 住宇治市宇治壱番10 ⏰10時～17時30分（16時30分LO）※季節変動あり 休1月1日 交JR宇治駅から徒歩1分 P15台 MAP P147

▲店内は天井の高さ約8mの吹き抜けになっている。明治・大正時代の製茶工場を改装
▶ふるふる感がたまらない生茶ゼリイ（抹茶）1380円

通圓（つうえん） C

宇治川の畔に立つ老舗茶商

平安時代創業の老舗。町家造の茶房では、宇治川の流れを眺めながら抹茶パフェ1000円やぜんざいなどが味わえる。

☎0774-21-2243 住宇治市宇治東内1 ⏰10時30分～17時30分（平日は16時30分LO、土・日曜、祝日は17時LO）休無休 交京阪宇治駅からすぐ P2台 MAP P147

●起点へのアクセス
JR京都駅から奈良線で宇治駅まで29分。JR宇治駅から京阪宇治駅までは徒歩15分。
広域MAP 付録P2D4

◀抹茶アイスなど具だくさんのアイス白玉あんみつ980円

▲実物大に復元した牛車がある

宇治市源氏物語ミュージアム（うじしげんじものがたりみゅーじあむ） E

王朝文学の世界に遊ぶ

『源氏物語』のあらすじや魅力を紹介。平安貴族の調度品の復元やさまざまな体験型展示などで、『源氏物語』の世界を楽しく学べる。映像展示室では、アニメなどを上映している。

☎0774-39-9300 住宇治市宇治東内45-26 ¥600円 ⏰9～17時 休月曜（祝日の場合は翌日）交京阪宇治駅から徒歩8分 P15台 MAP P147

宇治上神社（うじかみじんじゃ） D 世界遺産

いにしえの建築様式を伝える社殿

国宝の本殿は日本最古の神社建築の遺構。覆屋と内殿が一体となった独特の形をしている。本殿前の国宝・拝殿は鎌倉時代初期建立の寝殿造で、神社の拝殿として現存最古。

☎0774-21-4634 住宇治市宇治山田59 ¥無料 ⏰9時～16時20分 休無休 交京阪宇治駅から徒歩8分 Pなし MAP P147

◀拝殿は『源氏物語』で光源氏の異母弟が過ごした山荘のモデルにもなった

宇治橋は日本三古橋の一つ。『源氏物語 宇治十帖』でも、薫君や匂宮が浮舟との逢瀬のため、何度も宇治橋を渡っています。

歴史が動いた幕末の舞台 水運の城下町 伏見を訪ねる

このエリアの情報
・京都駅から電車で約15分
・歩いて回って約3時間

白壁の酒蔵が立ち並ぶ風景が美しい伏見は、水運の要所として発展しました。日本屈指の酒どころであり、幕末動乱の舞台となった街をめぐりましょう。

十石舟（じゅっこくぶね） A

舟から眺める酒蔵の町並み

港町である伏見を、江戸時代にタイムスリップしたかのような気分で巡れる観光屋形舟。月桂冠大倉記念館裏から濠川と宇治川の合流地点の間を50分かけて往復する。舟上から見る、酒蔵が並ぶ町並みも美しい。

☎075-623-1030 住伏見区南浜町247 ¥大人1500円、小人750円 🕒10時～16時20分（約20分毎に出航。時期により変動あり） 休要問合せ 交京阪中書島駅から徒歩5分 Pなし MAP P149

1 新緑の季節には酒蔵の白壁に川辺の柳が映えて、より風情が深まる 2 穏やかな流れの水上をゆっくりと進む

月桂冠大倉記念館（げっけいかんおおくらきねんかん） B

酒の魅力と歴史にふれよう

寛永14年（1637）にこの地で創業した月桂冠が、伏見の酒造りの歴史や月桂冠の挑戦と創造精神について分かりやすく紹介。見学後はさまざまなお酒の試飲も楽しめる。

☎075-623-2056 住伏見区南浜町247 ¥入館600円（おみやげ付き） 🕒9時30分～16時最終受付 休無休 交京阪中書島駅から徒歩5分 P20台 MAP P149

1 昔ながらの酒蔵を活用し、貴重な史料を多数展示 2 酒造用具類約200点を常設展示している

現在も宿を営む寺田屋。2階には龍馬が愛用していた梅の間がある

寺田屋（てらだや） C

龍馬襲撃の舞台となった宿

坂本龍馬をはじめ、幕末の志士たちが定宿としていた旅籠。慶応2年（1866）に起きた龍馬襲撃事件の舞台となり、当時の刀傷が今も残っている。

☎075-622-0243 住伏見区南浜町263 ¥見学600円、1泊素泊まり6500円 🕒10～16時（受付は～15時40分） 休月曜不定休、1月1～3日 交京阪中書島駅から徒歩5分 Pなし MAP P149

●起点へのアクセス
京都駅から近鉄京都線で桃山御陵前まで11分。または京都駅から近鉄京都線に乗り丹波橋駅で京阪に乗り換え、中書島まで25分。
広域MAP 付録P3C4

活気に溢れる昔ながらの商店街

寺田屋そばにある「竜馬通り商店街」。観光スポットとしても人気ですが、普段から買い物に訪れる地元の人たちで賑わっていて、昔ながらの雰囲気が素敵です。MAP P149 H

きざくらかっぱかんとりー

キザクラカッパカントリー D

京都地ビールの発祥、10種以上の味を

伏見の名水で仕込んだ地ビールや、清酒にあった料理が味わえる。酒造りを映像で見学できる記念館や河童資料館、限定酒・地ビールが買える商店も併設。

☎075-611-9919 住伏見区塩屋町228 ¥無料 ◷商店10～20時、黄桜酒場11時30分～14時30分、17～21時30分(土・日・祝日は11時～) 休火曜(祝日の場合は営業) 交京阪中書島駅から徒歩10分 P20台 MAP P149

1 大きな「黄桜」ののれんが目印。酒蔵を改装した白壁の建物で内装もレトロ 2 ケルシュ、アルト、蔵のかほりを楽しめる「京都麦酒飲み比べセット」750円

大正時代のレトロな雰囲気の店内

ふしみゆめひゃくしゅう

伏見夢百衆 E

酒処ならではのデザートを

落ちついた空間で、17銘柄のきき酒体験や、清酒アイスクリームなどの甘味が味わえる。みやげ処には伏見の銘酒約100種類がずらり。

☎075-623-1360 住伏見区南浜町247 ◷10時30分～16時30分LO 休月曜(祝日の場合は営業) 交京阪中書島駅から徒歩7分 Pなし MAP P149

大正時代築、月桂冠の元社屋を喫茶・みやげ処に

清酒アイスクリーム700円。清酒か柚子檸檬リキュールをかけてどうぞ

きょうのだいどころ つきのくらびと

京の台所 月の蔵人 F

豆腐と湯葉で季節を感じる

月桂冠の酒蔵を改装した料理店。伏見の名水で作る自家製豆腐や湯葉、季節の京野菜の創作料理と美酒を。

☎075-623-4630 住伏見区上油掛町185-1 ◷11～15時、17～22時(土・日曜、祝日は11～15時、16～22時) 休年3～4回不定休 交京阪伏見桃山駅から徒歩7分 P13台 MAP P149

1 7種の湯葉料理を堪能できる湯葉尽くし御膳3680円 2 築100年の月桂冠の酒蔵を大改装 3 自家製酒粕アイス350円は絶品

おきなや(きたがわほんけ)

おきな屋(北川本家) G

女性の注目を集める日本酒

明暦3年(1657)に創業した老舗酒蔵・北川本家直営のアンテナショップ。ここでしか手に入らない蔵元の原酒を量り売りで購入できる。

☎075-601-0783 住伏見区村上町370-1 ◷10～19時 休火曜 交京阪伏見桃山駅から徒歩10分 Pなし MAP P149

1 各種お酒を試飲してから購入できる直営店 2 肌のお手入れにも使える純米酒美肌550円

豊かな伏流水に恵まれた伏見。江戸時代には「伏水」と記されたほど、昔から名水の街として知られていました。

山間に立つ3つの名刹 紅葉が見事な三尾を訪ねる

このエリアの情報
・京都駅から
バスで約1時間
・歩いて回って約4時間

「三尾」とよばれこのエリアは、京都屈指の紅葉の名所です。
赤く染まった山々はもちろん、世界遺産・高山寺をはじめとする名刹も見逃せません。

高山寺（こうさんじ） A

国宝文化財を所蔵する山中の世界遺産

明恵上人が鎌倉時代に再興した真言宗寺院。国宝に指定される『鳥獣人物戯画』（展示は複製）や、後鳥羽上皇の学問所を移築した国宝石水院など、多くの文化財を所蔵。上人が茶の木を植えたという日本最古の茶園もある。

☎075-861-4204 住右京区梅ヶ畑栂ノ尾 ¥拝観無料（石水院1000円、紅葉時期は入山500円） 🕒8時30分～17時 休無休 交JR・市バス停栂ノ尾から徒歩5分 Pあり MAP P150

◀善財童子像を安置する石水院は眺めが見事

▲石畳の参道には、秋は赤く染まったカエデが連なる

西明寺（さいみょうじ） B

地名の由来のマキの木が迎える

天長年間（824～834）、空海の高弟・智泉大徳が創建。現在の本堂は、5代将軍・徳川綱吉の生母・桂昌院の寄進により、江戸時代に再興された。樹齢600年をこえる境内のマキの木は、地名「槇尾」の由来になったとされる。

☎075-861-1770 住右京区梅ヶ畑槇尾町1 ¥本堂500円（紅葉時期は入山料金を含む） 🕒9～17時 休無休 交市バス・JRバス停槇ノ尾から徒歩5分 Pなし MAP P150

▲入口には朱色が鮮やかな指月橋が架かっている

▼神護寺の紅葉は、京都市内でも特に色づきが早い

神護寺（じんごじ） C

赤く染まる空海ゆかりの密教寺院

天長元年（824）開創の寺院で、大同4年（809）から14年間は、空海も住持したと伝わる。本尊・薬師如来像は国宝に指定されており、このほかにも貴重な仏像や絵画などの文化財を所蔵。広い境内は荘厳な雰囲気に包まれている。

☎075-861-1769 ¥1000円 住右京区梅ヶ畑高雄町5 🕒9～16時 休無休 交JRバス停山城高雄から徒歩20分 Pなし MAP P150

◀本堂のまわりも秋は見事な紅葉で彩られる

▼金堂へと続く参道の紅葉は必見だ

京都の知っておきたいエトセトラ

京都には、歴史にまつわるエピソードが盛りだくさん。
だからこそ、ちょっとした知識で街歩きがグッと楽しくなります。

主な通り名

碁盤の目の洛中では、通り名で住所を表すのが一般的。覚えておくと、目的地へ行くのにとても便利。

タテ（南北）の通り

堀川通（ほりかわ）

平安時代の堀川小路で、京都の中心部を南北に流れる堀川に由来。五条〜西陣〜上賀茂を結ぶ。

烏丸通（からすま）

京都御所の西を通り、ビジネス街を経て京都駅と交差するメインストリート。今はなき、烏丸川に由来。

寺町通（てらまち）

平安京の東京極大路。秀吉が寺院を集めて寺町を形成した。三条は老舗、古書店、骨董店が多い。

ヨコ（東西）の通り

御池通（おいけ）

神泉苑の前を通る大通り。川端・堀川通間は京のシンボルロードで、京都市役所がある。

四条通（しじょう）

平安京の四条大路。八坂神社から松尾大社までを結び、花街、繁華街、ビジネス街とさまざま。

五条通（ごじょう）

秀吉の区画整理により今の位置に移された五条通の東には、京焼・清水焼の窯元が集まる。

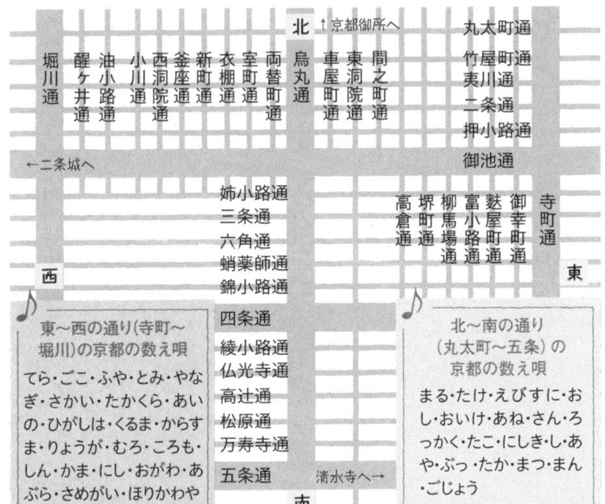

東〜西の通り（寺町〜堀川）の京都の数え唄

てら・ごこ・ふや・とみ・やなぎ・さかい・たかくら・あいの・ひがしは・くるま・からすま・りょうがが・むろ・ころも・しん・かま・にし・おがわ・あぶら・さめがい・ほりかわや

北〜南の通り（丸太町〜五条）の京都の数え唄

まる・たけ・えびすに・おし・おいけ・あね・さん・ろっかく・たこ・にしき・し・あや・ぶっ・たか・まつ・まん・ごじょう

住所の読み方と地図の見方

北は上（あが）ル、南は下（さが）ル、東西は東入（ひがしい）ル、西入（にしい）ルで表現。交差点はタテ（南北）とヨコ（東西）の通りの組合せで表示される。例えば烏丸通松原上ルなら、交差点を基準に、烏丸通に面していて松原通を少し北へ行ったところ、となる。

（例）①京都市中京区烏丸通松原上ル
きょうとしなかぎょうくからすまどおりまつばらあがる

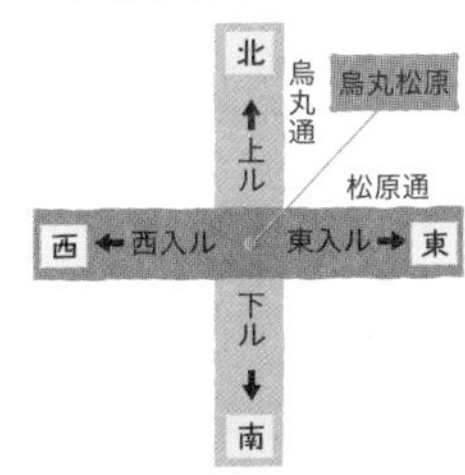

難読地名

先斗町（ぽんとちょう）
かつて鴨川の砂州の先端にあったので、ポルトガル語で「先＝ポント」に。

太秦（うずまさ）
一説に、「秦」氏が「埋め」た「うずめ洲」から。太は偉大という意味。

鹿ケ谷（ししがたに）
平安時代の僧・円珍がこの地で道に迷った際、鹿が道案内したという故事に由来。

御室（おむろ）
仁和寺の一角で営まれた宇多天皇の室＝僧房から。御と尊称を付けて。

糺の森（ただす）
下鴨神社の祭神が、この森の中で人々の争いを調べただした伝説が残る。

壬生（みぶ）
かつては湿地帯で水がよく湧き出たので壬生という漢字があてられた。

京都の五花街

花街は芸妓さん・舞妓さんが所属する置屋とお茶屋で形成される街。江戸時代以来、5つの花街がある。

祇園甲部（ぎおんこうぶ）

八坂神社門前に並んだ水茶屋に始まり、享保17年(1732)、幕府公認となった京都最大の花街。毎年4月には都をどりが上演されている。

祇園東（ぎおんひがし）

明治に祇園から独立。四条通北側の花見小路通と東大路通の間。祇園をどりは京都五花街で唯一秋に催され、人気が高い。

宮川町（みやがわちょう）

鴨川に沿って四条通の南側。江戸初期、歌舞伎役者の出入りする宿が多く立ち並び、やがて花街に発展。春に京おどりを開催。

先斗町（ぽんとちょう）

高瀬舟の船頭や旅客をもてなす水茶屋に始まり、安政6年(1859)、幕府公許の花街に。春の鴨川をどり、夏の川床は京の代表的風物詩。

上七軒（かみしちけん）

北野天満宮門前、室町時代に起源がある最古の花街。北野大茶湯の際、七軒の茶屋が太閤秀吉の休憩処となった。北野をどりは通好み。

祭・イベント

古い歴史と伝統を持つ京都は、毎日どこかで祭礼や行事が行われている。平安の頃から続く葵祭や祇園祭、雅な時代祭といった三大祭から奇祭まで、一度は見ておきたい代表的な祭りをご案内。

5月15日 葵 祭（あおいまつり）

十二単の斎王代や勅使列など500人以上が、京都御所から下鴨神社、上賀茂神社へ巡行。

雨天順延（前日夕方判断）、有料観覧席あり（詳しくは「京都観光Navi」サイト「葵祭」ページ）

京都御所 DATA☞P68 MAP 付録P14A1
下鴨神社 DATA☞P72 MAP 付録P8E4
上賀茂神社 DATA☞P75 MAP 付録P9B1

写真提供／京都市観光協会

7月1～31日 祇園祭（ぎおんまつり）

1150年の歴史がある八坂神社の祭礼で、1カ月にわたってさまざまな神事が行われる。ハイライトは山鉾巡行。

前祭宵山…7月14～16日 前祭山鉾巡行…7月17日 後祭宵山…7月21～23日
後祭山鉾巡行、花傘巡行…7月24日
有料観覧席あり（詳しくは「京都観光Navi」サイト「祇園祭」ページ）
八坂神社 DATA☞P32 MAP 付録P10D2

写真提供／京都市観光協会

8月16日 五山送り火（ござんおくりび）

盆に戻ってきた先祖の精霊を見送る、盂蘭盆会（うらぼんえ）の伝統行事。夜8時頃から東山如意ヶ嶽、松ヶ崎の妙法、西賀茂の船形、大北山の左大文字、曼荼羅山の鳥居形と5つの送り火が次々に点火されていく。

東山如意ヶ嶽の大文字はじめ五山
MAP P152
詳しくは「京都観光Navi」サイト「京都五山送り火」ページ

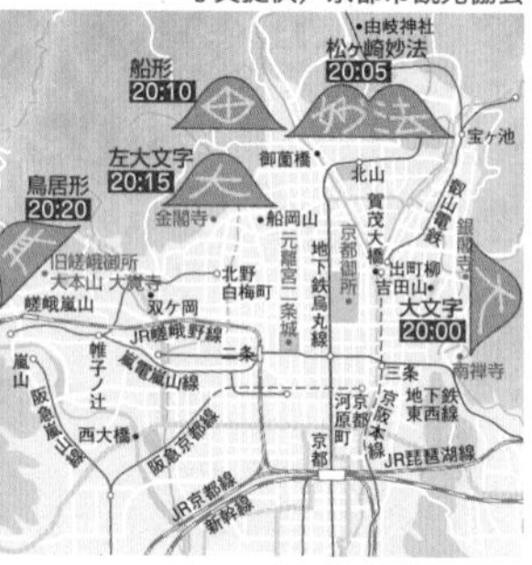

10月22日 時代祭（じだいまつり）

平安遷都1100年の明治28年(1895)に始まる。維新勤王隊を先頭に延暦時代まで、装束を忠実に再現した壮大な時代行列。

※雨天順延（当日早朝判断）
有料観覧席あり（詳しくは「京都観光Navi」サイト「時代祭」ページ）
京都御苑 MAP 付録P14A2
平安神宮 DATA☞P50 MAP 付録P16A3

10月22日 由岐神社例祭鞍馬の火祭（ゆきじんじゃれいさいくらまのひまつり）

平安時代に祭神を京都御所から鞍馬の里に迎えた様を表す、京都三大奇祭の一つ。火の粉の中を2基のみこしが巡幸する姿は圧巻。23日は還幸祭。

MAP P144

読んでおきたい文学作品

誰もが知っているあの文豪達も、歴史織り成す古都の魅力にひかれ、自身の代表作を生み出した。

川端康成『古都』

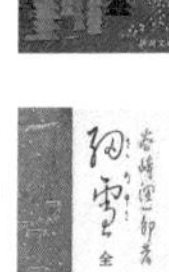

室町と北山杉の里で別々に育った双子の姉妹が主人公。京の四季の風物が美しく描かれる。

新潮文庫／1968年

谷崎潤一郎『細雪』

大阪船場の4姉妹の物語。都をどり、祇園や平安神宮の夜桜など春の京都が登場する。

中公文庫／1983年

三島由紀夫『金閣寺』

昭和25年（1950）の金閣寺放火事件を題材とする。金閣寺の美に取りつかれた若い学僧の悲劇。

新潮文庫／1960年

映画ロケ地

時代劇から現代劇まで、絵になる京都は映画ロケの定番中の定番。見覚えのある風景もあるのでは。

『舞妓Haaaan!!!』

舞妓さんと野球拳するのが夢という主人公。修学旅行で初めて京都に来て平安神宮で迷子に。

平安神宮 DATA☞P50 MAP付録P16A3

『大奥』

相阿弥や小堀遠州作の庭が美しい青蓮院華頂殿。男女逆転「大奥」で、聞香する場面を撮影。

青蓮院門跡 DATA☞P27 MAP付録P10F1

『陰陽師』

御殿内にある宸殿と霊明殿とを結ぶ渡り廊下が、安倍晴明と親友・源博雅の出会いの場として登場。

仁和寺 DATA☞P59 MAP付録P17A2

京都の伝統産業品

高度な技術と洗練された美しさが魅力の京の伝統工芸。日常使いの物はおみやげにも最適。

京焼・清水焼

京焼のうち代表的な焼き物が清水焼。華麗な色絵陶器が特徴。

京漆器

くくり錆という独自の技法、強さ、平面や角の切立まで繊細な美しさ。

京扇子

平安初期に起源。実用・儀礼と種類が多く、優れた装飾性を持つ。

伏見人形

全国の土人形の原型といわれる。素朴で愛らしい表情が魅力。

京竹工芸

竹そのものの持ち味を生かす。華道・茶道品、簾は高級品として有名。

西陣織

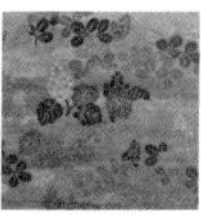

西陣地域から産出する織物の総称。主に錦や繻子、金襴などの高級絹織物を指す。

京都の三大漬物

京都の食卓に欠かせない漬物。歴史とともに保存技術が発達する中、京都ならではの漬物文化が育まれた。

すぐき

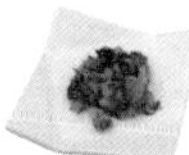

上賀茂特産のすぐき菜を乳酸発酵させた、酸味が特徴の漬物。

しば漬

ナス、キュウリなどを、大原名産のシソの葉と漬けたものが起源。

千枚漬

冬の代表格。薄く輪切りした聖護院かぶらと昆布を漬けたもの。

京都のおまん12ヵ月

おもてなし用の上生菓子とは分けて、日常に味わう饅頭のことを「おまん」とよぶ京都。季節や行事を彩る、おまん歳時記をご紹介。

1月 うさぎ餅
時期 迎春

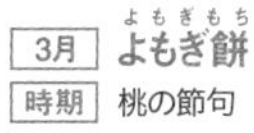

2月 福豆大福
時期 節分

3月 よもぎ餅
時期 桃の節句

4月 桜 餅
時期 花見

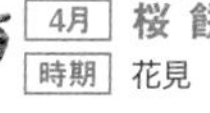

5月 柏もち
時期 端午の節句

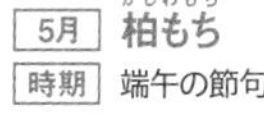

6月 みな月
時期 夏越の祓い

7月 五色七夕だんご
時期 七夕

8月 わらび餅
時期 暑気払い

9月 栗餅
時期 重用（栗節句）

10月 豆餅
時期 月見

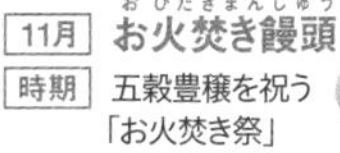

11月 お火焚き饅頭
時期 五穀豊穣を祝う「お火焚き祭」

12月 かぶきだんご
時期 年の瀬

京都への交通

京都へは東海道新幹線をはじめ特急列車や高速バスも運行していてアクセスしやすい。飛行機利用なら、大阪の伊丹空港や関西国際空港（関空）が空の玄関口となります。

鉄道で行く

京都へは新幹線利用が一般的。大阪、神戸方面からはJR京都線の新快速が便利だ。

※新幹線や特急のねだんは運賃と特急料金（通常期、普通車指定席）を合計したものです。
※所要時間は目安です。

プランニングアドバイス

京阪神地区は私鉄も発達しているので、出発地、目的地によっては、阪急電車で京都河原町駅や嵐山駅へ、京阪電車で伏見稲荷駅や七条駅～三条駅へとアプローチしたほうが便利な場合も。

バスで行く

▶主要都市から多くの高速バスが京都駅中央口（烏丸口）・八条口へと運行している。座席間隔（3列・4列）や時間帯（昼行・夜行）、乗車日によりねだんが変動する。

	出発地	バス愛称名	運行会社	ねだん	所要時間	便数
首都圏	東京駅八重洲南口（バスタ新宿経由）	グランドリーム号	JRバス関東・西日本JRバス	グランシート（3列）＝5000円～1万4500円	7時間47分～52分	夜1便
				4列シート＝3300円～1万2500円		
		青春エコドリーム号		4列シート＝3300円～1万2500円		夜1～2便
		グラン昼特急号		4900円～8000円	7時間48分	昼1便
		東京特急ニュースター号	大阪バス・東京バス	4900円～9800円	5時間25分～6時間30分	夜2便
	バスタ新宿（八王子経由）	ツィンクル号	近鉄バス・西東京バス	3列シート＝6700円～9800円	7時間32分	夜1便
		カジュアルツィンクル号		4列シート＝3900円～7900円	7時間50分	夜1便
	横浜駅西口（東京駅経由）	フライングライナー号	近鉄バス・東北急行バス	3列シート＝6700円～9700円	7時間15分	夜1便
		フライングスニーカー号		4列シート＝4000円～7900円	7時間17分	夜1便
仙台	仙台駅前	フォレスト号	近鉄バス・宮城交通	9800円～1万4400円	10時間32分	夜1便
金沢	金沢駅	百万石ドリーム大阪号・青春北陸ドリーム号	西日本JRバス	3500円～9000円	6時間	各夜1便
		青春昼特急	西日本JRバス	2600円～5800円	4時間48分	昼1便
		－	近鉄バス・北日本観光自動車	2500円～5700円	4時間26分	昼2便
名古屋	名古屋駅新幹線口	名神ハイウェイバス	JR東海バス・名阪近鉄バス・名鉄バス・西日本JRバス	2600円	2時間16分～32分	昼12便
		京都名古屋特急ニュースター号	名古屋バス・大阪バス・大阪バス近畿	2000円～3000円	2時間30分	昼4便
広島	広島広域公園前（山口・萩経由）	カルスト号	防長交通・近鉄バス	4700円～1万1400円	9時間3分	夜1便

※このほか、都内各所や全国各都市からの便も多数あり。　※所要時間は目安です。

飛行機で行く

飛行機なら、大阪国際空港(伊丹空港)と関西国際空港(関空)の2つの空港からアクセス可能。関空にはLCC(格安航空会社)も就航している。

▶ 空港から京都駅へ

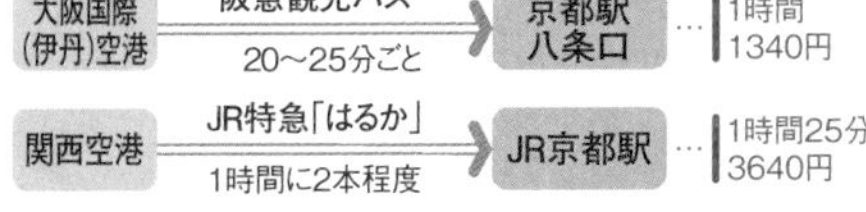

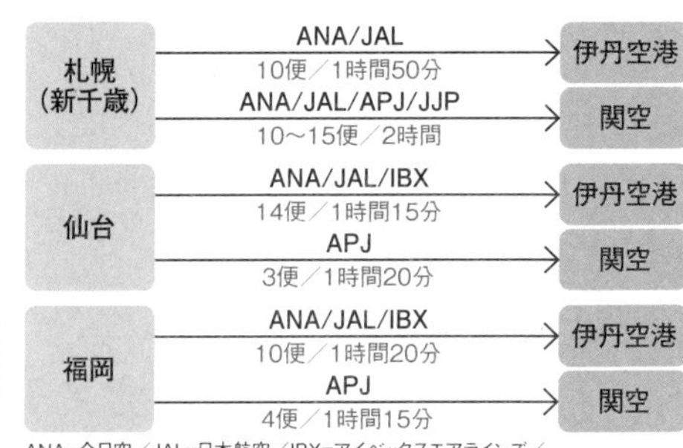

ANA=全日空／JAL=日本航空／IBX=アイベックスエアラインズ／APJ=ピーチ(LCC)／JJP=ジェットスター(LCC)

※便数・所要時間は時期によって変動します。※所要時間は行きの便の目安です。

プランニングアドバイス

航空券は購入時期や搭乗日・便によってねだんが異なる。詳しくは各航空会社のホームページなどで確認を。JALは「スペシャルセイバー」、ANAは「スーパーバリュー」の名称で早期購入割引を実施している。LCC(格安航空会社)は運賃のほかに座席指定や手荷物の預託などは別料金となるなど注意すべき点が多い。

☎問合せ先

鉄道

●JR東海(テレフォンセンター)
☎050-3772-3910

●JR西日本(お客様センター)
☎0570-00-2486

飛行機

●ANA(全日空)
☎0570-029-222

●JAL(日本航空)
☎0570-025-071

●IBX(アイベックスエアラインズ)
☎0570-057-489

●APJ(ピーチ)
☎0570-001-292

●JJP(ジェットスター)
☎0570-550-538

バス

●JRバス関東
☎0570-048905

●西日本JRバス
☎0570-00-2424

●名鉄バス
☎052-582-2901

●近鉄バス
☎0570-001631

●JR東海バス
☎0570-048939

●大阪バス
☎06-6748-0020

●阪急観光バス
☎06-6844-1124

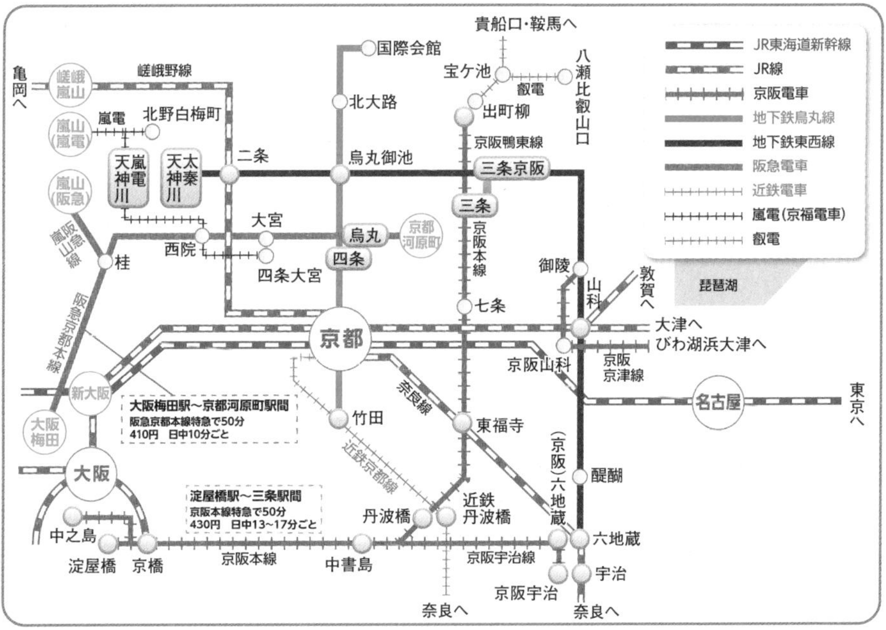

JR東海道新幹線 / JR線 / 京阪電車 / 地下鉄烏丸線 / 地下鉄東西線 / 阪急電車 / 近鉄電車 / 嵐電(京福電車) / 叡電

大阪梅田駅～京都河原町駅間
阪急京都本線特急で50分
410円 日中10分ごと

淀屋橋駅～三条駅間
京阪本線特急で50分
430円 日中13～17分ごと

京都での回り方

京都市街の移動はバスと鉄道を上手に組み合わせるのがポイント。
お得なチケットを活用して効率よく回ろう。

バスで移動

京都市内の移動は縦横に走る路線バス利用が一番便利。大半の路線が京都均一区間内で一回乗車230円。ただし、道路の渋滞も多いので時間には余裕を持って。

▶ 市バス(京都市交通局)

京都の市街地を網羅。数多くの路線があるが、系統番号で区別できる。230円の均一区間以外にも、乗車する区間で運賃が変わる系統も。「地下鉄・バス1日券」1100円なら市営地下鉄全線・市バス全線、観光特急バス、京都バス・京阪バス・西日本JRバスの市街路線(均一運賃区間)などが1日乗り放題となる。

▶ 京都バス

京都駅や四条河原町、出町柳駅などから嵐山・鞍馬・大原・比叡山方面への路線を運行。

▶ 西日本JRバス

京都駅から高尾・栂ノ尾・周山方面への路線を運行。京都駅～栂ノ尾間は均一運賃区間で、「地下鉄・バス1日乗車券」で利用可能。

鉄道で移動

市街地では地下鉄や私鉄を使い、駅から徒歩でめぐるのもエコ旅。嵯峨野・嵐山や鞍馬・貴船、伏見などへは、電車のほうが渋滞もなく時間が読めるので、便利でおすすめ。

▶ 市営地下鉄(京都市交通局)

烏丸(からすま)線と東西線の2路線がある。両線がクロスするのは烏丸御池。烏丸線は近鉄京都線に乗り入れる。「地下鉄1日券」800円や「地下鉄・バス1日券」1100円で市営地下鉄全線が乗り放題となる。

▶ JR嵯峨野線(山陰本線)

京都駅から嵐山方面へ行くなら、所要時間が短く時間どおりに行けるJR線で。保津峡観光のトロッコ列車は嵯峨嵐山駅で乗り換えを。

▶ 嵐電(らんでん)(京福電車)

四条大宮・北野白梅町の2つの駅を起点に嵯峨野・嵐山方面を結ぶ路面電車。「京都地下鉄・嵐電1dayチケット」1300円で2路線の全線および京都市営地下鉄が1日乗り放題となる。

観光に便利な「楽洛ライン」

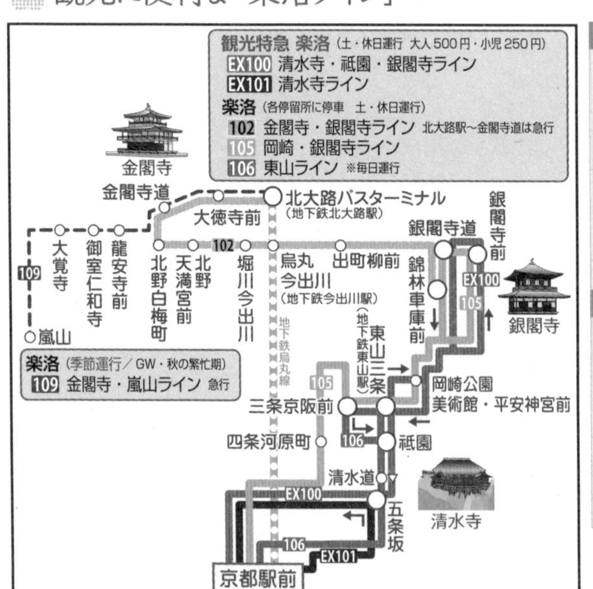

バスや電車のお得なチケット

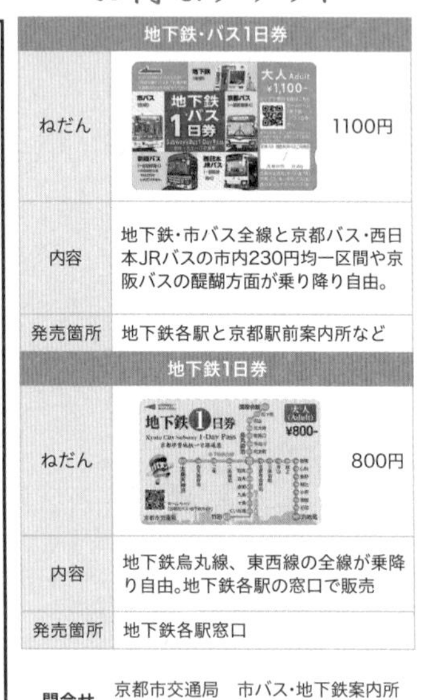

地下鉄・バス1日券	
ねだん	1100円
内容	地下鉄・市バス全線と京都バス・西日本JRバスの市内230円均一区間や京阪バスの醍醐方面が乗り降り自由。
発売箇所	地下鉄各駅と京都駅前案内所など

地下鉄1日券	
ねだん	800円
内容	地下鉄烏丸線、東西線の全線が乗降り自由。地下鉄各駅の窓口で販売
発売箇所	地下鉄各駅窓口

問合せ 京都市交通局 市バス・地下鉄案内所(ナビダイヤル) ☎0570-666-846

INDEX さくいん

京都

さ

た